冬季

SWITZERLAND

瑞士

圖 · 文 · 攝 ——— 文少輝 JACKMAN　　　文 · 攝 ——— 傅美璇 ERICA

六大城市╳冬季經典路線╳短中長程路線規劃╳雪地活動裝備攻略！

登冰川走群峰，暢遊冬日瑞士天堂

CONTENTS

旅行時光
的
魔法咒語

旅行，是一件美好的事情；最美好的旅遊時光，就像魔法咒語一樣。

世界上總有些地方，在你造訪過後，那些曾經觸動、感動過自已的畫面，就像魔法咒語一樣，在往後的日子裡令你不由自主地常常記著、身不由己地微笑起來……心裡的某個地方藏著「馬上收拾行李箱要出發的想法」彷彿一道永不熄滅的火。

這魔法咒語真的妙不可言，我們兩個有緣地中了好幾回，也感到非常慶幸；回頭一想，我是如此心甘情願地接受啊！

能造訪瑞士，再訪後再訪，夏天與冬天，都是最美好的旅遊時光。毫無疑問，我在這國度裡中了一生也不願擺脫的魔法咒語啊！

伯恩 Bern　與熊共舞的泉水古城

❄ 又揮筆畫了數幅新畫

《最完美的瑞士之旅》（全新暢銷修訂版）在不久前出版後，我們緊接忙碌地為《冬季瑞士》劃上完美的句號，校對、小影片與籌備新書宣傳活動等等的後期工作一波接一波，其間創作靈感作怪又揮筆畫了數幅新畫。

❄ 多了一道獨特吸引的光芒

不用多說，從書名便知道此書是關於「冬季的瑞士」，是一本專門以「冬季的瑞士」為主題的書；坊間到底有多少本「冬季的瑞士」的書呢？自己沒有特意去了解，不曉得出版社有沒有人曾做個調查？或許親愛的讀者們在書店留意到此書之同時，不妨也觀察一下其他瑞士旅遊書，替我們找出答案。我們在想，如果答案是「沒有」，便覺得此書在芸芸的瑞士旅遊書裡，多了一道獨特吸引的光芒。

《冬季瑞士》是在冬季期間出版，挑選這個時刻，自然是深思熟慮的正確決定。在對的時機，做對的事、出版對的書。在電影世界常見到受歡迎的電影系列，會以三部曲作結，所以構思書名過程中，《最完美的冬日瑞士》或《最完美的瑞士之旅3》曾經浮現過；這些書名說不定能讓長期讀者有一個熟悉的親切感。

❄ 非常到位的書名

但是，獨立地檢視新書的重點內容，以及從新讀者的角度去考慮，《冬季瑞士》這書名反而來得合適、簡潔、易記；除了「非常到位」之外，我想不到還有哪個形容詞能夠如此貼切的形容，很有一種「一矢中的、直入心坎處的滿意效果」！

❄ 噢，竟然有這個東西！

這麼說來，瑞士到底有什麼？到底有哪些東西是只有瑞士才擁有呢？甚至有人會好奇地問：「瑞士，值得寫成三本書嗎？」被這麼一問，那魔法咒語好像再度發揮作用，心裡一瞬間浮現出許多回憶。回想起來，每一趟瑞士之行都一定會有「噢，竟然有這個東西！」的驚奇發現。

對於長期讀者，從第一本到第三本，不就是見證著我們所觀賞到的宛如人間仙景的風光愈來愈精采、而且沒有重覆、沒有給人看膩的感覺，還有體驗（或許稱為「挑戰」比較合適）也是愈來多元化、而且愈來愈驚險……不多說，簡而言之，敬請大家細味品嚐此書，還有兩本前作，你們要找的答案就在字裡行間！

❄ 真實到訪城鎮的次序

最後，編寫書籍內容的時候，我們調整了城鎮的出場序。然而真實到訪的次序是這樣的：路途最遠的韋爾畢耶才是第一站，然後是馬爾蒂尼、布里格、洛伊克巴德、阿萊奇冰川區、洛伊克巴德（第二次造訪）、策馬特、薩斯斐，伯恩是最後一站。策馬特與薩斯斐，是旅程中天氣最好的地方，在極美的天色下所看到的好風光，有一種人生無憾的完滿感動！

布里格 Brig 瓦萊州小鎮短途旅行的理想出發點。

馬特洪峰 Matterhorn 此景只應天上有，即使是第 N 次的觀賞依然是震撼，成為我心中永遠鮮活的美麗記憶！

0-1
SWITZERLAND 重返人間仙境，展開冬日瑞士之旅

縱使瑞士的消費比較高，但她絕對值得。許多人去過第一次後，人間仙境的迷人畫面都會在不旅行的日子中不經意浮現，秀麗的湖泊、高聳的雪峰、蒼翠的樹林……都在呼喚著。心中想要再三去瑞士的想法，亦會愈來愈強烈，叫人不得不整理行李箱馬上出發！

馬特洪峰（Matterhorn）
本頁及後頁的畫作均是外形獨特的馬特洪峰，親眼看到後，我一輩子絕對記得她！

　　居於歐洲中部的瑞士，真是個奇妙的國家，是上天給予的一份特別禮物。此國地方不大，卻擁有阿爾卑斯山脈最精華的部分，諸如兩大世界聞名的自然景物，外形極為獨特的馬特洪峰與歐洲最長最大的阿萊奇冰川，都在瑞士瓦萊州。

　　一片翠綠的夏季過後，踏入白雪皚皚的冬季，整個山脈全部披上一層又一層純淨的白色。奇美壯觀的雪景，彷如阿爾卑斯山區的雪影銀妝。各大群峰通通都變成遼闊廣大的高海拔雪地活動的好舞台，擠滿來自各國的大批旅客，滑雪、雪橇、健行、滑翔、攀岩等等，一切一切無不是令人難以忘懷的體驗！

❄ 完美的飛行時間

最完美的瑞士之旅，就是由搭乘瑞士航空開始。飛機於香港深夜十二點起飛，清晨六點多便可抵達蘇黎世國際機場，絕對稱得上完美的飛行時間。

清晨航班特別少，旅客享受快速辦理入境手續和取回行李。我們因為是使用瑞士旅行通票（SWISS TRAVEL PASS）的電子票，緊接著便可在機場火車站坐上火車，邁進第一個目的地。

順道一說，瑞士鐵路系統採用開放式，只要持有有效票卷（單程票或其他鐵路通票）便可直接上車，十分方便，票務員是在車廂內查票的。上車前，記得留意頭等車廂及二等車廂的位置，避免在車廂內移動行李的麻煩。

❄ 白色美景在車窗外上映

車窗外，一幅又一幅白色迷人的美景不斷輪流上映，無論是城市、小鎮或山區，都是我們期待已久的心動畫面。望一望手錶，這時只是早上七點多，接下來一連多天多項好玩又刺激的冬季雪地活動，正等著我們去體驗和挑戰啊！

在瑞士寄信

許多朋友喜歡在旅行期間寄明信片給親友，機場購物商場內當然也有郵局，就在 Migros 大型超市附近。在瑞士寄送國際郵件，一張明信片為 2 瑞郎。除了明信片，我們也把我們的作品寄給瑞士朋友，《最完美的瑞士之旅 2》重量接近 2 公斤，郵資為 7 瑞郎，寄送方法跟我們在香港或台灣大同小異。

機場購物商場

火車站就在機場購物商場的最下層，商場內有 Swisscom 及 Sunrise 兩間瑞士電信公司，需要購買網絡數據卡的旅客，便要多等一會兒，兩間都在八點整才開始營業；不過它們分店極多，在各大主要火車站必見蹤影。還有，兩大瑞士超市 Coop 和 Migros 亦有分店在商場，在離開前不妨來一趟最後掃貨！

貴賓室 E
時間：06:00~23:00
服務：可淋浴、冷熱食物、水果、甜品、飲品及酒類共數十款。

❄ 享用蘇黎世機場的瑞航貴賓室

　　瑞士航空飛往香港，是晚上十點多起飛，同樣是理想時間。完成最後一天的精彩活動便來到機場，我們雖然是經濟艙，亦可事前在網站付款 39 瑞朗，便可在候機期間享用商務艙的貴賓室。

　　瑞航貴賓室有幾個，飛往香港的班次會在 E 航廈，那處的瑞航商務艙的貴賓室 E 是最新的。旅客辦好出境手續便可前往 E 航廈，而貴賓室 E 與上機閘口很接近，可以盡情享用到最後一刻才上機。

0-2 SWITZERLAND 超實用，長、中及短程的遊瑞路線！

我們結合這次與過去的旅程，規劃了幾條長、中及短程路線，應該能適合不同需要的旅客，部分內容可參考《最完美的瑞士之旅》第一集與第二集。

A. 中程（10 天）：深度旅遊（瓦萊州＋伯恩）

瓦萊州被譽為瑞士西南部的高山度假天堂，策馬特（ZERMATT）、布里格（BRIG）、薩斯斐（SAAS-FEE）、洛伊克巴德（LEUKERBAD）、韋爾畢耶（VERBIER）及阿萊冰川區（ALETSCH ARENA）等全部各有魅力。

遊訪多個高山區以外，為旅程添上城市遊覽也相當重要，作為瑞士首都的伯恩（BERN），可謂上乘之選。列為世界文化遺產的伯恩舊城區，有許多特色噴泉、砂岩外牆、狹窄的街道和歷史悠久的塔樓，這種中世紀氣息在瑞士絕對是獨一無二的。

這個瓦萊州＋伯恩深度旅遊的規劃，實際就是本書的主要內容，精采內容在後面逐一上映！

B. 長程（15 天以上）：環遊瑞士的路線

對於首次去瑞士的旅客，《最完美的瑞士之旅 1》便是不可或缺的規劃工具，一次搭乘最精華的九條瑞士鐵道觀光路線，比如伯連納快線和冰川列車。從蘇黎世出發，再到中部的琉森湖區、南部的盧加諾、東部的庫爾（或聖莫里茲）、西南部的策馬特、西部的日內瓦湖區及中部的少女峰地區，體驗到瑞士不同區域的魅力及特色！

C. 超短程（3 天）：琉森區

遊瑞時間不多的旅客，琉森區應該是首選，賞湖賞山遊覽城市——都包含到，而且遊船路線特別多，以及幾座名峰中的鐵力士山更是終年積雪。這個規劃也很適合帶著長者一起旅遊，來往景點與琉森市住宿處之間的交通時間不會太長。

伯連納快線行駛在 360 度大迴旋石橋上。

伯連納快線（Bernina Express）

我們十分喜歡伯連納快線，尤勝其他，因為所看到精彩景色實在太多。此車連接了瑞士庫爾（Chur）和義大利蒂拉諾（Tirano），全程長達四小時，約 122 公里的路段被列為世界文化遺產，有兩項顯赫的鐵道建設工程：360 度大迴旋石橋，與 60 多米高的高架石橋，都以巔峰的建造技術而聞名於世。圖中，火車正在行駛在聖里莫茲附近的白湖（Lago Bianco）。

火車在夏天每天 4 班，冬季每天 2 班。持 Swiss Travel Pass 可享免車費，但要事前預付「強制性訂位費」。詳細資料可參考官網。

官方圖片

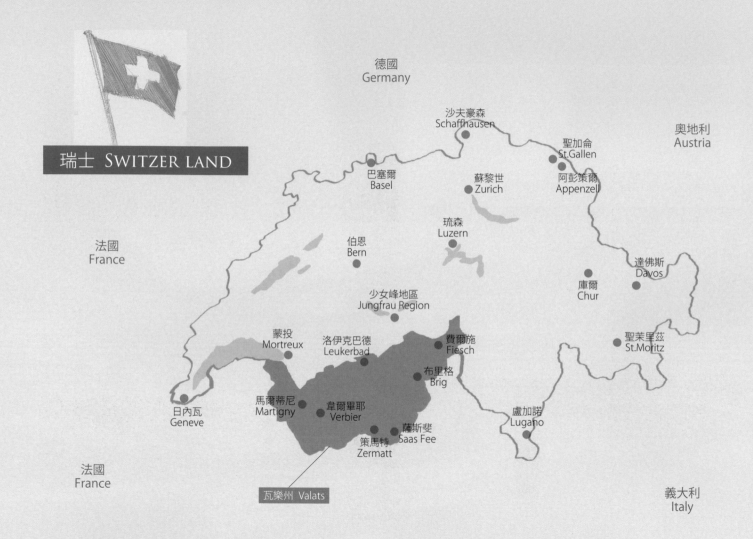

瑞士 SWITZER LAND

德國
Germany

奧地利
Austria

沙夫豪森
Schaffhausen

聖加侖
St.Gallen

巴塞爾
Basel

蘇黎世
Zurich

阿彭策爾
Appenzell

琉森
Luzern

法國
France

伯恩
Bern

達佛斯
Davos

少女峰地區
Jungfrau Region

庫爾
Chur

蒙投
Mortreux

洛伊克巴德
Leukerbad

費爾施
Fiesch

聖茉里茲
St.Moritz

布里格
Brig

馬爾蒂尼
Martigny

韋爾畢耶
Verbier

薩斯斐
Saas Fee

盧加諾
Lugano

日內瓦
Geneve

策馬特
Zermatt

法國
France

瓦樂州 Valats

義大利
Italy

沙夫豪森 Schaffhausen
附近的萊茵瀑布

聖加侖 St. Gallen

庫爾 Chur

日內瓦 Geneve

蘇黎世 Zurich

盧加諾 Lugaho

D. 短程（5天）：
1 個城市（伯恩或蘇黎世）＋琉森區＋策馬特

　　這個 5 天旅程也很適合帶著長者，雖然可能有點趕，卻能看到瑞士較具代表性的大城市、湖區及高山小鎮，重點是欣賞到瑞士最具代表性山峰：馬特洪峰。

聖莫里茲 St. Moritz

E. 中程（10天）：夏天雪峰之旅（琉森區＋聖莫里茲＋薩斯斐＋策馬特＋少女峰地區）

　　一心期盼在夏天觀賞瑞士最知名幾個區域的雪峰冰川，這規劃就能滿足你。順道一說，策馬特旁邊的薩斯斐，是被十三座四千公尺以上雪峰所環抱的高山小鎮，我們非常鍾情此地，強力推薦一併遊覽這兩處。

薩斯斐 Saas-Fee

F. 超長程（20天以上）：環遊瑞士的路線 + 深度旅遊

超過 20 天的瑞士之旅，肯定是一件超級幸福的事情，強力推薦選擇個別地區多逗留幾天，深深投入瑞士人間仙境之中！除了瓦萊州，還有以下兩區可作深度之旅。

1. 少女峰地區：此山區非常之大，少女峰觀景台以外，還有很多座山峰、多元化健行路線、刺激好玩體驗等等，逗留一星期絕不會浪費！

2. 東部：除了庫爾，還有聖莫里茲（ST. MORITZ）與達佛斯（DAVOS），三處同是冰河列車的主要車站，如果在夏天想看雪山冰河景色，便要選擇聖莫里茲。在《最完美的瑞士之旅 2》，還記述了我們的夏日冰河健行，五小時翻山越嶺、橫越兩道冰河！

說起東部，不得不提東部大城市：聖加侖（ST. GALLEN），其古城區擁有被列定為世界文化遺產的聖加侖女修道院。再延伸開去，大城市不遠之處的阿彭策爾鎮（APPENZELL），保留著濃郁瑞士傳統特色，及其近郊還有一座隱藏於山崖邊的驚艷百年旅館。

蒙投 Mortreux

琉森 Luzern

❄ 瑞士旅行通票之使用要訣

除自駕遊外，在大城小鎮之間移動，坐火車及郵政巴士絕對是最主要的交通工具。瑞士國鐵系統有多種交通通票，比較多人會使用瑞士旅行通票（SWISS TRAVEL PASS，簡稱 STP），或彈性瑞士旅行通票 (SWISS TRAVEL PASS FLEX，簡稱 STPF)，都是免費任搭全國「大部分」的火車、巴士、遊船等等多種公共交通工具、登山鐵道則享 5 折優惠。（「大部分」的例子，比如不適用於 GRINDELWALD 的巴士）。而且它不只是「交通通票」，還包括了免費進入整個瑞士數百間博物館和展覽館，後文提及伯恩的幾座博物館，每家門票動輒十元八塊，持有 STP 或 STPF 都可享免費。

STP 與 STPF 同樣分為 3 天、4 天、8 天及 15 天，分別在於前者是連續使用，後者是在 1 個月內自選使用日子。如果不是天天移動，STPF 應該比較適用，然後搭配當地的通票，便是最理想的使用方法。價格及詳細使用方法，可參考官網 WWW. SWISS-PASS.CH。

自己最喜歡事前在家購買電子票，這樣當抵達蘇黎世機場火車站時便不用花時間排隊買票，輕輕鬆鬆直接上車開始漫遊～

可查詢火車及巴士班次的 SBB Mobile App

智能手機裝上 SBB MOBILE APP 是十分重要，可讓你因應行程變動而查詢火車及郵政巴士的班次，又或是對於不使用通票的旅客來說，亦可直接訂票，超級好用！

左｜我們的瑞士旅行通票電子票。
右｜手機裝上 SBB Mobile App，旅途中隨時查看，方便安排及調整行程。

上｜Grindelwald 的巴士，跟郵政巴士一樣同是黃色車身，但要注意它不適用於瑞士旅行通票。中｜郵政巴士，持瑞士旅行通票可享免費。下｜郵政巴士是以號角為標誌。

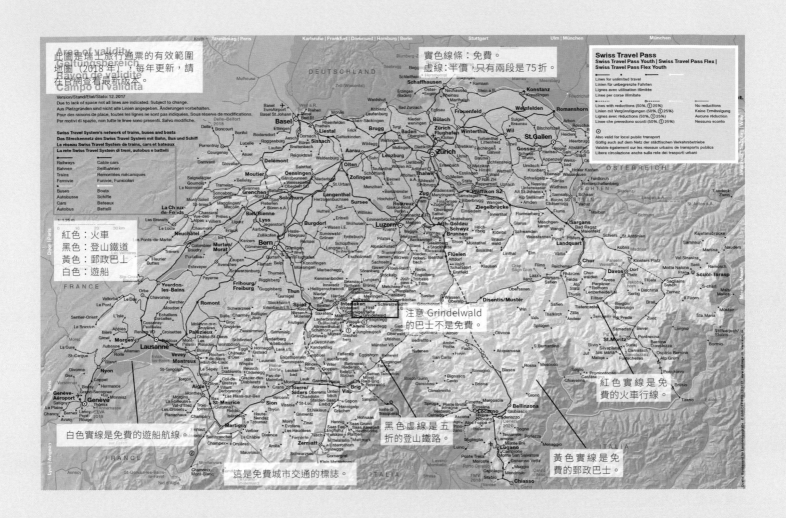

此圖是瑞士旅行通票的有效範圍地圖（2018年），每年更新，請在官網查看最新版本。

實色線條：免費。
虛線：半價，只有兩段是75折。

紅色：火車
黑色：登山鐵道
黃色：郵政巴士
白色：遊船

注意 Grindelwald 的巴士不是免費。

紅色實線是免費的火車行線。

白色實線是免費的遊船航線

黑色虛線是五折的登山鐵路。

這是免費城市交通的標誌。

黃色實線是免費的郵政巴士。

Swiss Travel Pass
Swiss Travel Pass | Swiss Travel Pass Flex |
Swiss Travel Pass Flex Youth

Swiss Travel Pass Youth | Swiss Travel Pass Flex Youth

Lines for unlimited travel
Linien für unbegrenzte Fahrten
Lignes avec utilisation illimitée
Linee per corse illimitate

Lines with reductions (50% / 25%)
Linien mit Vergünstigungen (50% / 25%)
Lignes avec réductions (50% / 25%)
Linee che prevedono sconti (50% / 25%)

No reductions
Keine Ermässigung
Aucune réduction
Nessuno sconto

Also valid for local public transport
Gültig auch auf dem Netz der städtischen Verkehrsbetriebe
Valable également sur les réseaux urbains de transports publics
Libera circolazione anche sulla rete dei trasporti urbani

❄ 使用火車托運行李到你的酒店

　　瑞士鐵道系統完善，也延伸到「托運行李服務」，行李、滑雪用具、嬰兒車、單車等等都可以託運，而且不局限於在火車站之間運送，還擴展到上門服務，意思就是有人來到你入住的酒店提取你的行李，然後送到下一站的酒店，以往旅客需要親自去到火車站繳交或取回行李，這個費時和不方便的情況不再復見。

托運服務（一） Luggage station to station

　　這是基本的托運行李服務，意思是「在 A 火車站托運，然後在 B 火車站取件」。

托運的限期：當天 7 P.M. 以前托運，後天 9 A.M. 以後取回。

收費：每件 12 瑞郎（重量不超過 25 公斤），行李抵達車站後，可以免費寄放 4 天，之後每天收費 5 瑞郎。

托運服務（二）
Luggage station to door/ Luggage door to station

　　這是進階服務，就是「在火車站托運，然後送件上門，或是相反」。

托運的限期：前者是當天 7 P.M. 以前在火車站托運，後天指定時間上門送件。後者是提早兩天前辦好手續，當天指定時間有人上門收件，後天 9 A.M. 在火車站取件。

收費：每件 12 瑞郎（重量不超過 25 公斤），再加 25 瑞郎上門服務費用。比如你有三件行李，就是「12 瑞郎 X 3 + 25 瑞郎」，行李愈多，平均費用愈便宜。

托運服務（三） Luggage door to door

　　顧名思義，就是「有人上門收件，然後送件上門」。

托運的限期：兩天前的 8 P.M. 前辦好手續，當天指定時間有人上門收件，第二天上門送件。

收費：每件 12 瑞郎（重量不超過 25 公斤），再加 40 瑞郎上門服務費用。

托運服務（四）Luggage door to door（Express）

　　就是即日完成「有人上門收件，然後送件上門」。

托運的限期：兩天前的 8 P.M. 前辦好手續，當天 6 - 9 A.M. 有人上門收件，即日的 6 - 11 P.M. 送件上門。

收費：每件 12 瑞郎（重量不超過 25 公斤），再加 40 瑞郎上門服務費用及 30 瑞郎特快費用。

其他注意：

❶ 適用的火車站：舉凡在火車站寄件及收件，大部分火車站都可以。至於提供上門服務的火車站，約 40 個主要旅遊區的火車站，書中的大部分城鎮是適用，即使汽車不能行駛的策馬特也可以。

❷ 上門送件或收件的時間：分為三段時間 7 A.M.-12 NOON ／ 12 NOON-6 P.M. ／ 6-11 P.M. 。

❸ 旅客也可以送件到蘇黎世國際機場，如果你搭的是瑞士航空，更可以直接辦理航班的 CHECK IN 手續，輕鬆上機就可以；或是由機場寄送行李。

　　詳細內容請參考瑞士國鐵官網 WWW.SBB.CH。

❶ 蘇黎世國際機場的火車站，旅客在這裡可以託運行李到另一個火車站或入住的酒店。❷ 運送行李上火車。❸ 圖中是巴塞爾（Basel）火車站，我們有一回託運行李，在此取回行李。❹ - ❻ 我們主要是搭乘瑞士航空，另一次旅程結束時，就在因特拉肯東站（Interlaken OST）直接辦理航班的 check in 手續，回到香港國際機場才取回行李，超方便。

CHAPTER

1

——— SWITZERLAND ———

雪上活動的天堂

1-1 SWITZERLAND

明媚的陽光和耀眼的積雪共同編織成的世界

瑞士冬季旅遊指南

河流環繞著老城組成的迷人風光
伯恩舊城座落在瑞士最長的河流：阿勒河的天然彎曲處，
湍急的河水從三面環繞老城而過，形成了一個半島。

瑞士的四季，大致上是冬天（12月至2月）、春天（3月至5月下旬）、夏天（6月至8月）、秋天（9-11月），不用說冬季及夏季是旅遊旺季，除了觀賞景色外，夏季以健行為主，各個纜車站外面都是不同主題的健行路線；冬天則以滑雪及其他雪類活動為主，各個高山區擠滿超多滑雪旅客。

❄ 瑞士的滑雪季節

瑞士的冬天是明媚的陽光和耀眼的積雪共同編織成的世界。瑞士的滑雪季節通常由12月第一或第二週開始至復活節後，所以計劃到瑞士滑雪的朋友，最好在這些月份進行，就是說這期間在海拔1000多米以上的高山小鎮區基本上都是覆蓋軟綿綿的白雪。

至於城市，便要視乎下雪情況。我們在二月份遊覽伯恩時，雖然天氣很寒冷但一點雪也沒有，結果離開不久，整座古城因為一場大雪又再度覆蓋上厚厚的白雪，美到不得了！

第五章的伯恩，會介紹城裡多座特色的博物館。左｜伯恩自然歷史博物館，圖中是聖伯納德犬遺體標本。右｜伯恩歷史博物館前放置愛恩斯坦的雕像。

第六章的阿萊奇地區（Aletsch Arema），由三個環保山中小鎮組成，
此圖是貝特默阿爾卑鎮（Bettmeralp），攝於旅館陽台上，只有住在
高山上才能充分享受到山上的寧靜環境和觀看日出景色。

❄ 防紫外線較高的太陽眼鏡

其他必備還有太陽眼鏡、帽子、圍巾、手套、防曬油等等，都是缺一不可，尤其是太陽眼鏡，要買防紫外線較高的那一種，雪地裡的陽光十分刺激！

❄ 城市旅遊的規劃

城市裡的活動，絕大多數如展覽館、商店等等都照常進行，不過留意瑞士的週日除了火車站內的商家都是關門的；另外當然還要注意聖誕節 12 月 25 和 26 日兩天，以及新年 1 月 1 日都是放假，即是展覽館及商店等等都會休息。

說到聖誕節和新年，在這兩大節日前的一至兩週，每個城鎮都有大大小小的慶祝活動及週日購物日，這方面資訊在出發前可瀏覽當地旅遊局網站可找到，或是抵達當地都能輕易獲取到。瑞士的冬季打折原則上分兩波：一是聖誕節後，瑞士的聖誕節是放 12 月 25 和 26 日兩天，意思是 27 號商店開張，就會開始打折，然後新年 1 月 1 日放一天，2 號商家再度營業，折扣就會更多。

另外，小小建議是在移動到另一個住宿地方時，最好能將交通時間安排在傍晚，因為冬天的日照時間較短，下午四點以後便開始天黑，所以活動應該安排在這之前，在傍晚坐火車去下一個住宿地方就可以。

❄ 冬遊瑞士配備

除非天氣變得異常寒冷，跟我們在冬天去日本的情況相差不大。衣服裝備就是洋蔥式穿法，內層可穿排汗功能良好的衣物，中層衣物保暖，最外層防水防風，適用於城市及高山區；除非真是很怕冷，否則發熱衣褲、高領毛衣最好不要，一進有暖氣的室內都會熱得發昏。

❄ 適宜走在雪地的鞋子

我想絕大部分人應該也會計劃去雪地走一走，即使不參加任何雪地活動，一對防水防滑、抓地力好的鞋子也是必需的，最外層的外套及褲子最好也是防水（最好不要穿著牛仔褲，會感到特別冰凍），興之所至撲進軟綿綿的雪地裡拍照也可以。萬一無法去雪地，一般靴子或運動鞋都可以，最好還是穿著防水性較好的鞋子，否則走在城市裡也很容易把鞋子弄濕的。

1-2  不容忽視的中部及東部冬季旅遊聖地

SWITZERLAND
滑雪攻略：為何要到瑞士滑雪？

　　瑞士，各地滑雪區的完備配套，比如登山纜車、多元化雪類活動的設施、高山區旅館及餐廳等等，堪稱滑雪天堂。說實在，我們為何要長途跋涉去到瑞士滑雪呢？最主要的是我們可以享受到在亞洲區比較少找到的高海拔的優美滑雪環境！

❄ 享受高海拔的滑雪環境

　　在阿爾卑斯山滑雪，通常是在樹木生長區以上約 1500-1800 米的斜坡上進行，斜坡最長達到 20 公里，有約 30 個海拔 2800 米以上的冬季滑雪場。這次我們旅程主要是在瓦萊州，因位處阿爾卑斯山脈的心臟地帶，所擁有高海拔的滑雪場更多，策馬特及薩斯斐等九個滑雪區域更高達 3000 多米。

左｜旅客在策馬特展開跨國滑雪之旅，從瑞士去到義大利。

右｜策馬特的 Gornergrat 滑雪場，其最高點的滑雪道為 3089 米，是適合初級者的滑雪道。

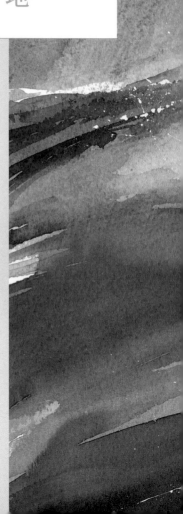

❄ 又高又大的滑雪場

　　其中，策馬特的冰川天堂滑雪場，最高點是 3883 米，可直接滑回山下 1620 米的策馬特鎮，超過 20 公里，垂直落差超過 2200 米！（日本最長的白馬八方尾根約 8 公里，據說已經很驚人）。而且滑雪場正好在瑞士與義大利的邊界，冬季時候亦可直接滑進義大利國境。一次滑兩國，夠大了吧！

　　被登山纜車帶上 3 千多米的高峰，舉目所見都是晴空萬里，雲霧繚繞，恰似玉帶環抱。在溫暖的冬陽下眺望四周，根本分不清何處雲海何處雪山；那種清靜、那種空靈，都是難能可貴。前方只有一條廣闊滑雪道，深深吸進一口清新空氣，沁入肺腑，抖擻精神後一滑而下……

❄ 六個月的滑雪季節

　　瑞士大部分滑雪場由 12 月第一或第二週開始至翌年復活節後，海拔較高的滑雪場地甚至會在 11 月便開放，長達五至六個月。全瑞士有兩處夏季滑雪場地，就在策馬特及薩斯斐。

❄ 雪道標誌

　　滑雪是一個循序漸進的過程。瑞士正規雪道兩旁的標誌桿，根據坡道難度分為綠、藍、紅及黑色四種滑道，初學者有專門的綠道，坡度很小易學易懂，藍道裡有些難度不大的下坡，紅道富於挑戰，黑道是最驚險刺激，只適合滑雪能手。四色以外，有些滑雪場還設有黃色的自由滑雪雪道，意思是沒有專門清理和平整的自然山坡，第八章的韋爾畢耶，便以數量多的自由滑雪場聞名。

❄ 不容忽視的中部及東部冬季旅遊聖地

　　佔瑞士總面積 60% 的阿爾卑斯山區，賦予了此國擁有數以百計的高山，亦造就了多元化雪地活動的天堂，全國滑雪場數量多達 200 個。西南部的瓦萊州幾個冬季高山旅遊區是本書之重點內容，後面會逐一分析各區的觀景台、滑雪道、雪橇滑道等等。並且，中部及東部亦有多個不容忽視的冬季旅遊聖地，本文推薦其中四個給大家參考，分別是東部的聖莫里茲（ST. MORITZ）及達佛斯（DAVOS），與中部的少女峰地區（JUNGFRAU REGION）及英格堡阿爾卑斯山區（ENGELBERG REGION）。

滑雪的四種滑道

- 綠色雪道：適合最初級滑雪者。
- 藍色雪道：最大落差 25%，適合初級滑雪者。
- 紅色雪道：最大落差 40%，富於挑戰，適合中級滑雪者。
- 黑色雪道：最小落差 40%，驚險刺激，只適合滑雪能手。

韋爾畢耶（Verbier）的初級滑雪道，十分寬闊，我們在此跟隨中國籍教練李龍龍學習滑雪。

A. 聖莫里茲 St. Moritz

　　被譽為擁有「香檳氣候」的聖莫里茲（St. Moritz），位於阿爾卑斯山脈的恩加丁（Engadin）山谷裡，附近有 4 個大滑雪場；以舉辦多場國際性冬季運動比賽而聞名，比如兩次主辦冬季奧林匹克運動會（全世界只有三個城市），以及五次世界滑雪冠軍比賽。

　　值得一提，在這裡可搭上伯連納列車（Bernina Express）及冰河列車 (Glacier Express)，是瑞士兩大著名觀光列車，前者是去義大利提拉諾（Tirano），後者則去策馬特。

冬季活動的主要資訊

❶ 海拔：1700-3303 米　　　　❷ 滑雪道：350 公里

❸ 雪橇滑道：18 公里　　　　　❹ 雪地健行：150 公里

❺ 雪鞋健行：6 公里

❻ 雙人飛行傘：www.camping-morteratsch.ch

❼ 溫泉：www.ovaverva.ch

❽ 滑雪學校：www.skischool.ch

❾ 旅遊局官網：www.engadin.stmoritz.ch

B. 達佛斯 —克洛斯特斯　DAVOS - KLOSTERS

　　聖莫里茲鄰居的達佛斯（DAVOS），位於群山之間的峽谷地形，初次到訪的旅客對於地理環境可以很快掌握，因為那幾座受歡迎的山峰都在兩側群山之間。此處分為六大觀景區，夏季時是健行的熱門景點，冬季時全部變成滑雪區，其中帕森山區（PARSENN）及雅各布峰（JAKOBSHORN）是最大也是最受歡迎的滑雪場。

冬季活動的主要資訊

❶ 海拔：1124-2844 米　　　　❷ 滑雪道：320 公里
❸ 雪橇滑道：10.3 公里　　　　❹ 雪地健行：156 公里
❺ 雪鞋健行：15.5 公里
❻ 雙人飛行傘：www.aaaparagliding.ch
❼ 溫泉：www.eau-la-la.ch　　　❽ 滑雪學校：www.ssd.ch
❾ 旅遊局官網：www.davos.ch

官方圖片

官方圖片

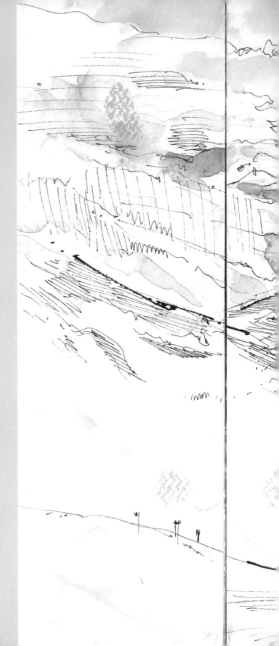

艾格峰
（Eiger，3970 米）

僧侶峰（Monch，4107 米）

少女峰（Jungfrau，4158 米）

少女峰觀景台（Jungfraujoch，3471 米）

C. 少女峰地區 JUNGFRAU REGION

　　整個少女峰地區面積為 350 平方公里，包含多個山區小鎮如葛倫德（GRUND）、格林德瓦（GRINDELWALD）、勞特布魯嫩（LAUTERBRUNNEN）、溫根（WENGEN）及牧輪（MURREN）等等。不用多說，冬季雪地活動當然十分豐富，值得一提，多條不同程度的雪橇滑道總計長達 105.5 公里，其中還包括後文會介紹的世界最長的雪橇滑道（15 公里），絕對稱得上是雪橇天堂！

冬季活動的主要資訊

❶ 海拔：1000-3454 米　　❷ 雪道：273 公里
❸ 雪橇滑道：105.5 公里　　❹ 雪地健行：140 公里
❺ 雪鞋健行：40 公里
❻ 雙人飛行傘：www.paragliding-jungfrau.ch
❼ 滑雪學校：www.grindelwaldsports.ch
❽ 旅遊局官網：www.jungfrau.ch

官方圖片

官方圖片

D. 英格堡 —鐵力士山 ENGELBERG TITLIS

如果你是坐飛機抵達蘇黎世機場，大約四十多分鐘，便可去到琉森附近英格堡鎮的鐵力士山。相對偏遠地區的馬特洪峰及少女峰，而且交通費又高，鐵力士山堪稱瑞士最「親民」的一座終年積雪的山峰。

冬季活動的主要資訊

❶ 海拔：1000-3028 米　　　　❷ 滑雪道：82 公里

❸ 雪橇滑道：7 公里　　　　　❹ 雪地健行：49 公里

❺ 雪鞋健行：49 公里

❻ 滑雪學校：www.skischule-engelberg.ch

❼ 旅遊局官網：www.titlis.ch

官方圖片

官方圖片

1-3 SWITZERLAND 六大雪地推薦活動 不滑雪的人也有許多樂趣

不滑雪的人,應該這樣說,滑雪以外,旅客在冬日瑞士還可以做什麼呢?當然還有多項精彩又好玩的雪地活動,本文先扼要介紹,留意最後一項推薦更是非一般的難忘刺激活動,後面章節再詳細分享。

雪地活動之推薦 ❶ —— 玩雪橇(Sledging)

只要下雪,山坡便成為一個天然滑梯,從斜坡上滑下來是一種瑞士老少皆宜的遊戲,這麼一個簡單的玩法,瑞士人玩了好幾代。所以冬季瑞士除了是滑雪天堂,也是雪橇王國,在各個山頭都有不同坡度及長度的雪橇路線,一屁股坐上去、順著經過整理的雪橇道往下滑,轉彎煞車都靠自己的腳,無論大人和小孩都可以一邊享受下滑的快感,一邊欣賞在眼前展開的美景。

❄ 全瑞士最高的雪橇滑道,可看馬特洪峰

後文會詳細介紹三條雪橇路線,分別在策馬特、薩斯斐及洛伊克巴德。第一條十分有名,它在策馬特的 ROTENBODEN(2813

米),是全瑞士最高的,可以一邊滑一邊欣賞馬特洪峰(右圖),全長 1.6 公里,絕不可錯過!

❄ 租用雪橇

一般提供有雪橇道的地方如纜車站,都會有租借雪橇的服務,租用雪橇一天的費用約莫是 10 多瑞郎左右,有些人甚至可以買個日票,來來回回痛痛快快玩上 N 個回合!

即使不滑雪、不雪鞋健行,也要玩雪橇!這條可以一邊滑一邊觀賞馬特洪峰的雪橇道會在後面章節出現。

雪橇類似刺激有趣的滑梯，一屁股坐上去、順著經過整理的雪橇道往下滑，轉彎煞車都靠自己的腳。不要以為雪橇是小朋友的玩意，在這個被稱為雪橇天堂的國家，有些雪橇道的驚險度足以令你難忘不已！

踏入冬季，就會有大約 200 萬瑞士人湧入全國各地的雪橇滑道，瑞士逾數公里長的雪橇滑道就有 120 多條，而且雪橇場地還在不斷增多！

歐洲最長的雪橇滑道

經驗過這趟旅程的三次雪橇體驗，我們真的上癮了！對於敢挑戰、熱衷極限刺激的旅客，不得不推薦「全球最長的雪橇滑道」，一般雪橇滑道長度有 1-2 公里，這條號稱全球最長，由四段不同難度的雪橇滑道組成，總長度有 15 公里之長。所在地就在少女峰地區的格林德瓦。

格林德瓦的雪橇滑道（SLEDGING IN GRINDELWALD）的最高點是 2681 米高的福爾山頂（FAULHORN），一直滑到 1800 米的布薩爾普（BUSSALP），然後再一路無阻的滑到 1000 米左右的格林德瓦，高度差距有 1800 米，途中將氣勢非凡的艾格峰、僧侶峰及少女峰等一排群峰盡收眼底。

❄ 適合一家大小的那一段也有 8 公里

布薩爾普是始點也是中轉站，旅客需要在格林德瓦市內坐 126 號巴士去到那處，下車地方實際是福爾山的山腰，租雪橇亦在此。這組雪橇滑道之中，從布薩爾普向下滑，到格林德瓦這一段，稱為「THE CLASSIC ONE」（右圖紅線），全長 8 公里，是最多人玩的，適合一家大小。總之，最不簡單的一段就是「福爾山頂滑到布薩爾普」（藍線），全長 4.5 公里，坡度相當斜。重點是沒有吊車，旅客需要自行背著雪橇，從布薩爾普步行上去，大約兩個半小時的上坡路，才能登上從 2681 米高的福爾山頂，這樣便可展開歐洲最長的雪橇驚人刺激之旅！

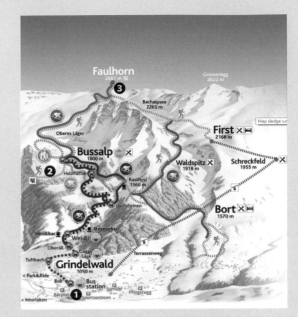

格林德瓦的雪橇滑道
❶ 在格林德瓦鎮搭巴士前往。
❷ 巴士抵達 Bussalp，向上爬這山坡需時 2 個多小時。
❸ 福爾山頂，旅客就是從這處用雪橇滑下去。（圖片攝於夏天，冬天時山峰覆蓋白雪後，歐洲最長的雪橇滑道便會出現。）

❄ 真正百多年前的古老旅館

　　順道一說，登上福爾山頂這段接近三小時的上坡路，我們曾經體驗過，因為福爾山頂有一座仍維持 180 多年原始面貌的旅館。

　　那一個晚上、那一個清晨，充滿著數不盡的深刻畫面，真是一趟非常特別的住宿體驗。這座百年旅館，以此山命名，稱為福爾山旅館（BERGHOTEL FAULHORN），正面是朝向少女峰地區整排的連綿群峰景色，相反方向，最靠近的景色是茵特拉肯鎮、布里恩茨湖、圖恩湖，然後伸延開去數不盡的重重群山，詳細紀錄盡在《最完美的瑞士之旅 2》。

掃描即可觀看彩蛋影片
「歐洲最古老旅館」

雪地活動之推薦 ② ── 雪地健行（Winter hiking）

　　健行在瑞士是四季都可以進行的活動，冬季健行有兩種，一種是穿自己的健行靴、一種是租用特製的雪鞋行走的。先說前者，瑞士有大約 3000 公里的冬季健行路線，坡度難度通常較低，如同夏季的健行路徑一樣，沿途都會有清晰的標示牌。

　　冬季地圖都會標明「已規劃好的健行路線」，稱為 WINTER HIKING TRAIL 意思是經過壓雪車整理後的路徑，穿著自己健行靴子的旅客走起來才不會陷進雪地中，也比較不滑、好走，安全性亦高。

到了夏天，雖然沒有雪，大家依然可以從一個又一個山坡衝下去，三項夏季玩意，包括旱地雪橇滑道（上）、滑板自行車（下左）及高地卡丁車（下右）。我們全部都體驗過，大呼過癮！

雪地活動之推薦 ③ ── 雪鞋健行（Snowshoeing）

　　接續上面，需要穿著特製的雪鞋行走的路徑，顧名思義，如果不穿的話，不到幾步便深深陷入雪地中，無法前行。雪鞋的原理，通過將人體的重量分散在更大的區域，從而避免在行走的時候完全陷入雪地當中。

❄ 300 多條雪鞋健行小徑

　　基本上，山區裡許多地方都是深雪區，冬季地圖會列出一些比較適合旅客穿著雪鞋行走的深雪區路徑，稱為 SNOWSHOEING，目前瑞士提供 300 多條標示清晰的雪鞋健行小徑，總長度超過 2000 公里。

　　雪鞋健行除了能夠滿足那些不滑雪的人，還有深雪區路徑通常是比較少人（甚至可以用人跡罕至來形容）會到的寧靜偏遠的地方，所以特別能滿足那些不太喜歡擁擠滑雪山坡的旅客，他們可以獨享地深入隱敞的山區裡好好探索。

❄ 不需要任何訓練

　　雪鞋健行不需要特別的訓練，只是上坡下坡時需要注意一下，後文會說明，不過都很容易上手。旅客只需在鎮上的運動器材出租店租用，雪鞋及徒步手杖一併租用，一天費用約 20 多瑞朗。在薩斯斐逗留期間，我們便離開人來人往的小徑展開雪鞋健行，在沒有任何痕跡的深深積雪上留下自己的足跡。

雪鞋健行的地方，主要是深雪區，
如果沒有雪鞋根本無法前行。

穿上雪鞋，手執徒步手杖，
旅客以完全不同的方式體驗
白雪覆蓋的群山與森林。

上｜租用雪鞋時，職員會調整雪鞋的大小。
中｜踏入深雪區前，便要穿著雪鞋。
下｜雪鞋及徒步手杖。

穿著特製的雪鞋在深雪區健行不需要特別的訓練，
每一個人都可以加入享受樂趣。

雪地活動之推薦❹──雙人飛行傘（Paragliding）

前作中，我們推薦過「令你畢生難忘的 3 大好玩刺激的體驗」，前兩種分別是雙人飛行傘（PARAGLIDING）與冰川健行（GLACIER HIKING）我們都已完成，後者主要在夏天進行，前者是一年四季都可以。

瑞士高山特別多，每每走在山區中，抬頭都會見到色彩繽紛的飛行傘在空中飛舞，我們生平第一次的飛行就在少女峰地區的勞特布龍嫩山谷（LAUTERBRUNNEN VALLEY），飛行之旅的亮點是在半空中去看瑞士第二高的瀑布。雖然只有十多分鐘的飛行，但在腦海留下清晰的感動畫面。冬天飛行所觀賞到的景色及氣氛截然不同，遺憾的是我們這趟無法安排到。

❄ 飛行時間與費用

雙人飛行傘是指由一位飛行員帶一名旅客一起玩飛行傘，少女峰地區提供這活動的公司有很多，一般在旅客中心、旅館都會有相關宣傳資料。我們預訂飛行活動的是 PARAGLIDING JUNGFRAU，從與飛行員會合到解散約 90 分鐘，真實飛行時間通常分為 15 或 20 分鐘，價錢為 170/180 瑞朗。不同公司的收費和飛行時間各有差別，大家自己比較一下。

❄ 錄像和拍照費用

值得注意，飛行時飛行員會提醒你不要自己拍照，雖然不是禁止，但我覺得專心一意地投入和享受這趟特別飛行之旅，才是最重要！飛行過程中，飛行員是用自拍神器錄像和拍照，最後旅客自己決定是否另付錢購買那儲存了影片和相片的記憶卡，PARAGLIDING JUNGFRAU 的收費是 40 瑞朗，其官網是沒有列明這項收費。所以整個費用應該是 170/180+40 瑞朗才對。所以建議預約時，主動查問這項收費，清楚後再作決定！

飛在高空，在不一樣高度來看瑞士群山吧！這組圖片是我們在少女峰區的飛行紀錄。

掃描即可觀看彩蛋影片
「冬夏都好玩的雙人飛行傘」

薩斯斐的鐵索攀岩：全程兩個多小時非比尋常的體驗，
除了在山壁攀爬，還要來回飛往兩邊山壁多次……此圖
是 Erica 與鐵索攀岩專家。

雪地活動之推薦 ❺ —— 鐵索攀岩（Via ferrata）

「令你畢生難忘的 3 大好玩刺激的體驗」的最後一項，是我們在這本書中非常想分享，就是挑戰更高難度的鐵索攀岩（VIA FERRATA）。這個充滿挑戰性、又能看見獨特絕美風景的活動，重點是「攀爬＋飛越峽谷峭壁」。我們生平第一次的鐵索攀岩體驗就在薩斯斐，絕對是一生難忘充滿回味的經驗。

鐵索攀岩對於亞洲旅客較為陌生，但其實在歐洲多個國家很流行。跟冰川健行一樣，十歲左右的小學生便可以玩了，真是信不信由你！

洛伊克巴德鎮上有多座溫泉水療運動複合式中心，在戶外池可享受群山包圍的美景。

雪地活動之推薦 ❻ —— 泡溫泉（Wellness）

一連幾天從早到傍晚都玩著各種好玩雪地活動後，體力消耗得特別快，這時候最理想的就是去泡溫泉，超級舒服，又幫助紓緩疲累。

如果能在戶外溫泉池被群峰雪山美景包圍，真是人生快樂極事。

瓦萊州的布里格、薩斯斐及洛伊克巴德（LEUKERBAD）均有知名的溫泉水療運動複合式中心，提供各式泡澡池、蒸氣室、熱烘室、泡腳池、休息區及洗澡區；還有，洛伊克巴德更是阿爾卑斯地區最大的溫泉浴場和保健勝地，稍後將逐一分享。

瑞士人愛泡溫泉，較有規模的酒店也有三溫暖設施，在旅程中亦可增加住宿預算，住上這樣的酒店，不用舟居勞頓、便能靜靜地在酒店享受泡浴桑拿。

不忘提醒，瑞士人的生活習慣是男女一起泡浴桑拿，男女獨立區比較少；此外有些溫泉浴場及酒店亦有「男女裸體混浴桑拿區」，即是全部人不分男女都不穿衣服、亦不可使用毛巾圍住身體。

我們曾去過聖莫里茨的 OVAVERVA 溫泉水療中心，遇見過一對非本地男女在「男女裸體混浴桑拿區」，沒有按照規定的使用毛巾圍住自已，在全裸環境下反而更引人側目，結果被職員要求離開。

多元化及專業服務的瑞士運動用品專門店
開始輕鬆地租用滑雪裝備

前面兩篇介紹了各類熱門的雪類活動,接下來我們要了解如何租用相關器材的資訊:一年四季,瑞士都是多項高山運動的王國,因此造就瑞士運動用品專門店的服務發展得十分多元化。首先,每個地方的旅遊局都會列出當地運動用品專門店的資訊及網頁,這些店通常就在鎮上大街、鎮上的纜車站旁邊,甚至是山上的主要纜車站之內。

運動用品店的重點服務,當然是出售與出租不同運動器材及裝備,一般而言多數亞洲旅客都會在當地租用滑雪器材及相關裝備,那便重點說明「租用滑雪器材的注意事情」。事實上,我們第一次在這類專門店租用的是登山鞋,當時專門為了應付較高難度又長途的健行步道,分別在策馬特及少女峰地區均租用過高性能的登山鞋,一天租金為 10 多(十幾元)瑞朗。

瀏覽運動用品專門店的網頁,可以了解到以下的事情:

❶ 比較裝備的租金:

第一時間要做的當然是比較器材的租金。一般而言,租用單板 / 雙板套裝(滑雪板及雪鞋),一天費用由 30 瑞朗左右起跳,兩天是 50 多瑞朗,天數愈多,平均費用便愈便宜。

❷ 裝備的級別:

因為全世界很多滑雪客都會來到瑞士滑雪,為了照顧或吸引不同程度的客人,有些專門店十分「專門」,會提供多種等級的單板 / 雙板套裝,比如某專門店自己把雙板套裝劃分為 Ski silver、Ski gold、Ski dimond 及 Ski platinum 四種,Ski silver 是給初級者,一天費用為 30 瑞朗,Ski platinum 就是最高級別,費用自然貴許多,約 60 瑞朗。

❸ 專門店、纜車站及住宿之間的距離:

三者之間的距離愈接近,自己愈方便。第六章阿萊奇區三座位於山腰的小鎮,滑雪客最為方便,步出旅館便是積滿厚雪的路面,可以直接在雪地上滑行到纜車站;其餘地方的滑雪客都需要提著雪板步行或坐車去到纜車站。

滑雪客在阿萊奇地區的小鎮,步出旅館便是積滿厚雪的路,可以直接在雪地上滑行到纜車站,十分方便。

瑞士運動用品專門店十分專業化,提供多種等
級的單板／雙板套裝,甚至也有專門用於自由
滑雪道(freeride)的滑板,讓他們充分在雪
山上享受滑雪的樂趣和快感。

❶ 我們在韋爾畢耶鎮的運動用品專門店租用雙板滑雪套裝。❷ Intersport 是常見的運動用品連鎖店，幾乎在各個山區都見其蹤影，此圖是薩斯斐的分店。❸ 薩斯斐的 Intersport，圖中是室內出租各類裝備的地方，我們在此租用了雪鞋健行需用的雪鞋。❹ 早上八點多，韋爾畢耶鎮的纜車站外面聚滿人潮。❺－❻ 夏天時，旅客多數會在專門店租用登山鞋、攀爬裝備及高山單車等等。

④ 在酒店寄存滑雪用具：

滑雪區的旅館都有免費空間，讓人寄存滑雪板及雪鞋。

⑤ 在出租店寄存滑雪用具：

不過，如果住宿地方不在纜車站附近，而且需要乘坐其他交通公具或步行較長的距離，打算滑雪多天的旅客可考慮放置在出租店的儲存室。有些專門店是免費提供租客，有些需要另外付款，每日大約 3 瑞郎。如果不是該專門店的租客，亦可付款使用儲存室，費用可能貴一點點。所以專門店在纜車站旁邊，甚至與纜車站連結在一起，就是提供最大的方便，收費較多自有其道理。

⑥ 專門店的分店網絡：

分店愈多，代表你交還器材或尋求幫忙愈方便。常見的情況是，專門店在鎮上及山上的主要纜車站同樣有分店，比如第一天你在鎮上的分店租用器材後便上山滑雪，滑完後可以在山上纜車站的分店寄存，然後可以輕鬆下山，第二天早上又可以輕鬆上山取回滑雪用具繼續滑雪。

此外，中途如果滑雪板或雪鞋出現狀況，需要職員幫忙處理，也不用花時間下山、直接去山上的分店求救。比如韋爾畢耶的 SKI SERVICE 專門店，在鎮上大街及山上的纜車站均有分店，我們便是在此店租用滑雪用具，於第八章會有分享。

⑦ 提早付款預約，滑雪用具可享折扣：

滑雪旺季，尤其是聖誕節及新年是超級旺季，提早付款預訂滑雪器材比較好，有些店甚至提供 10-15% 不等的折扣優惠，只需提供身高、雪鞋尺寸、使用日期等等資料。以及愈多人一起租用，折扣會更多。

⑧ 不用提早付款預約，亦可享折扣：

是的，有些專門店你只要預約，不用提供信用卡資料，也可享受九折優惠，例如策馬特的 JULEN SPORT（WWW.JULENSPORT.CH）。

⑨ 可免費無限次更換：

接續上一點，雖然提供資料去預約，萬一現場取鞋時發現雪鞋大小不適合，客人當然可以更換，而且是免費、無限次的更換，也就是當你真實滑雪後才發現該雪鞋不適合，亦可以回去更換。

⑩ 購買 ski pass 可享折扣：

有些專門店也會出售 SKI PASS，如果你是租客，更可享折扣，不用直接在纜車站買正價的 SKI PASS。

⑪ 提取裝備的理想時間：

最好在前一天。專門店營業時間多數是在早上八點至下午七點整。打算早上滑雪的人，最好前一天傍晚先完成租用器材的手續，器材放在自已旅館或出租店也好，隔天早上吃過早餐便穿上裝備出發，把握滑雪的美好時光。值得強調，早上八點後是上山滑雪的高峰期，如果你在那時才到店辦理租用手續和試穿雪鞋，自然會花上不少時間，等到可以去纜車站時可能已是九點左右，那時的人龍一定很長很長！

⑫ 其他服務：

滑雪課程、雙人飛行傘、雪鞋健行團及鐵索攀岩等等各類高山的活動，專門店亦有提供。

CHAPTER

2

VALAIS

瓦萊州

2-1 SWITZERLAND
瑞士深度旅程的不二之選 瓦萊州 Valais

如果在眾多州縣中挑選一個地方安排深度之旅，除了瓦萊州（VALAIS），我想不到其他答案了。

瓦萊州被譽為密集的高山度假天堂，只因它位於阿爾卑斯山脈的心臟地帶，滙聚了多座海拔 4 千米以上的山峰、12 條最大的冰川，以及許多阿爾卑斯的山隘。此州最知名的高山小鎮為策馬特，全因可欣賞到馬特洪峰，以其一柱擎天之姿，直指天際，堪稱阿爾卑斯群山的代表。

❅ 阿萊奇冰川

多條冰川之中，此州東部的阿萊奇冰川（ALETSCH GLACIER）最為亮點，長 23 公里，含有 270 億噸冰河，是阿爾卑斯山區最龐大的冰河，2001 年阿萊奇冰川及少女峰被聯合國科教文組織列入世界遺產。一般旅客通常只會登上少女峰觀景台去看冰川的上游景色，深度玩法是從阿萊奇冰川區裡三個不同高度的觀景台，去觀賞中及下游景色，而且交通費用便宜許多。

布里格（Brig）

❅ 瓦萊州的多個高山旅遊區

瓦萊州，以前是古羅馬的南北交通要道，現在由 13 個地區組成（因此州旗上有 13 顆星），其州府是錫永（SION），其他知名的旅遊區包括布里格、薩斯斐、洛伊克巴德、韋爾畢耶等，值得一提，洛伊克巴德是著名的溫泉聖地、韋爾畢耶被譽為世界十大滑雪場之一，滑道總長度 410 公里。

❅ 以布里格為住宿據點

最理想的住宿安排當然是住在目的地，但萬一無法住在當地，比如我們這次旅程並沒有住在策馬特，實際住在布里格，以當日來往的旅遊方式進行。

❅ 瓦萊州的據點

就著這次我們前往的幾個瓦萊州小鎮來看，假若不換住宿地方，全以布里格為住宿據點，其實甚為理想，用 SBB 網站查一查，便知道比如 40 分鐘車程可去到費爾施（FIESCH）（可看到阿萊奇冰川的三個山腳小鎮之一），1 小時 10 多分鐘可到策馬特或薩斯斐，比較遠的韋爾畢耶，需時也只是 1 小時 30 分鐘。

info box

瓦萊州官網：www.valais.ch

瑞士 SWITZER LAND

●左至右：
少女峰（Jungfrau）4158 公尺
僧侶峰（Monch）4107 公尺
艾格峰（Eiger）3970 公尺

阿萊奇冰川
Aletsch Glacier

費爾施
Fiesch

洛伊克巴德
Leukerbad

布里格
Brig

馬爾蒂尼
Martigny

韋爾畢耶
Verbier

薩斯菲
Saas-Fee

策馬特
Zermatt

瓦萊州 Valais

瓦萊州的四座最高山峰
1 杜富爾峰（Dufour）4634 米
2 多姆峰（Dom）4545 米
3 魏斯峰（Weisshorn）4506 米
4 馬特洪峰（Matterhorn）4478 米

洛伊克巴德
Leukerbad

薩斯菲
Saas-Fee

馬爾蒂尼
Martigny

韋爾畢耶
Verbier

2-2 SWITZERLAND 瓦萊州小鎮短途旅行的理想出發點 布里格 Brig

布里格（BRIG）是個四周都被雪白山峰所環繞的城鎮，打開地圖，便知道她其實是一個熱鬧的交通樞紐；要從此鎮前往幾個瓦萊州著名小鎮很方便，40 分鐘車程可去到費爾施（可看到阿萊奇冰川的三個山腳小鎮之一），1 小時 10 多分鐘可到策馬特或薩斯斐，比較遠的韋爾畢耶，也只需時 1 小時 30 分鐘。

❄ 瑞義跨國的旅遊規劃

另外，往瑞士主要城市，比如因特拉肯、蘇黎世、日內瓦等都可以在這裡換乘 IC 火車。值得一提，從這裡去義大利米蘭很方便，最快直達車也只要兩小時，穿越阿爾卑斯山脈的辛普朗隧道（SIMPLON TUNNEL），瑞義跨國之旅輕鬆成行。在瑞士國境內的聖哥達基線隧道（GOTTHARD BASE TUNNEL）於 2016 年完工之前，辛普朗隧道是世界上最長的山嶺鐵路隧道。不用多提，著名的冰河列車會在此地停車。

❄ 小鎮的源起

說回布里格小鎮本身，她於 13 世紀左右建立，並被稱為 BRIGA，隱含橋樑的意思。她在辛普朗隘口（SIMPLON PASS）山腳下，第一向南可通往義大利最北面的邊境、第二向東可通往瑞士中部的富爾卡隘口（FURKA PASS）、第三又是伯恩高地的格里姆瑟爾隘口（GRIMSEL PASS）和提契諾（TICINO）的努弗嫩隘口（NUFENEN PASS）的必經之地。如此這樣，往來的貨物轉運、關稅都在這裡辦理，因而逐漸發展成瓦萊州的富裕城鎮。

左｜冰河列車駛近布里格火車站。
中｜前往薩斯斐的最主要公共交通工具不
是火車，而是 511 號郵政巴士，在布里
格火車站外面亦可搭乘，持 Swiss Travel
Pass 可免費搭乘。
右｜前往阿萊奇地區的山腳小鎮，也是在
火車站外面上車的。

對於亞洲遊客而言，布里格最為人知的原因之一，應該是冰河列車會經過此處，以及是前往策馬
特或薩斯斐的門戶。此車東起聖莫里茲、西至策馬特，主要行駛於阿爾卑斯山脈南側，重點是穿
越世界文化遺產：朗德瓦薩橋（Landwasser Viaduct）以及攀上 2033 米高的上阿爾卑斯隘口火
車站（Oberalpass），車程總長 291 公里，穿過 291 座橋樑與 91 個隧道之多，全程 7.5 小時。

漫步熱鬧的布里格市中心廣場，建築充滿了藝術與濃濃的懷古風情。兩棟類似城堡的老店，超過一百年，就圍繞著大廣場。

這邊也有不少餐廳、小商店，可以慢慢的逛。整齊清潔的街道，優美的建築，精緻的櫥窗，呈現出優雅的氣息。

❄ 布里格火車站外面及裡面

　　布里格市不算大，坐火車來到火車站，穿過正門的大街便很快進入古城區。值得一提，往來策馬特的火車，是在火車站外面廣場上的月台搭乘，我們好幾次路過都見到停靠著準備開往策馬特的冰河列車。這月台旁還有郵政巴士站，前往薩斯斐的511號巴士就是從這裡起行，補充一說，前往此地的唯一公共交通工具，就是郵政巴士。

　　如果要轉車前往其他城鎮，如洛伊克巴德及韋爾畢耶，或是跨國的米蘭，就要走進火車站內的月台。車站正對面有個遊客中心，可以拿拿資料，或詢問些問題。喜歡逛超市的，火車站對面左邊有家 MIGROS 超市，還附帶餐廳。

❶ 中心廣場周邊仍保留不少傳統房屋，下方是以水泥建造，上方則以木材打造。❷ 建於 1636 年的塞巴斯蒂安 (Sebastians) 小教堂，精緻可愛。❸ 貫穿布里格市區的 Saltina 河，此河流在 1993 年曾經氾濫，因為當時大量融化雪水湧下來，造成許多房子及此河的橋樑損毀。後來的新橋樑，設計成會自動隨著水位升降的功能。❹ 中心廣場的著名天使雕像，1993 年的河水氾濫曾經湧到此處，白色圈圈處有一個小牌子，上面寫著當時氾濫河水的水位，高達兩米以上，可見當時鎮上居民遭遇何等慘況。

連貫宮殿主體建築之間的石橋，我們在導覽員帶領下走進內部。

❄ 布里格地標：施托卡爾珀宮殿

布里格雖非大城市，除了地理環境因素及交通樞紐，也因為她擁有外觀吸引的施托卡爾珀宮殿（STOCKALPER PALACE）。沿著主街走一走，就可以晃到主廣場與舊城區。整個區域雖小，卻有多座漂亮的建築與教堂，走在石頭鋪的大小徑上隨意地逛逛走走，閒適舒服。

穿過此區便可見到美麗宮殿，三座高高的金屬洋蔥圓頂塔瞬間吸引著我的目光。踏進城堡花園，我想像著它在夏天時必定綠意盎然，環境恬靜，必然吸引不少新婚夫婦，專程來此拍攝婚紗照片，留下甜蜜回憶。

❄ 布里格之王

城堡名稱的「STOCKALPER」，STOCKALPER 其實是一位數百年前的當地傳奇人物。17 世紀時，當地商人 KASPAR JODOK VON STOCKALPER 深明此地擁有隘口、交通要塞的重要地理條件，率先在山區修建小路，打通了山隘的障礙，從此商貿發達起來。及後又招募驟伕，穿越山隘，藉著買賣鹽、絲綢以及其他貨物，成為富商，他當時累積的財產相當於現今 5 億瑞士法郎。

STOCKALPER 不單是富商，還是銀行家、企業家和政治家，因而擁有「布里格之王」之稱。由他一手打造的施托卡爾珀宮殿，是瑞士著名的巴洛克風格宮殿之一；三座塔樓的頂部外形似洋蔥，選用純金裝飾，彰顯「布里格之王」的地位，留名至今，一直是此城不可取代的地標。

市政府於 1948 年買下此地，進行維修後成為博物館及市政府辦公室。宮殿花園及內園可自由免費參觀，不過建築內部其實布滿可觀之處，旅客唯有參加導覽團方可欣賞到。每天有六場導覽團，大約一小時，每人 8 瑞朗。我們跟隨導覽員的腳步從地窖開始，穿過重重的拱廊、深入滿有義大利文藝復興風格的大廳裡，認識這位布里格之王的生平事蹟，了解他如何經營食鹽買賣和交通要道。

參加城堡導覽團可進入內部，觀看法官審理案件、市政府職員進行會議等等的重要地方。

此圖為宮殿內圍的拱門及走廊，相當可觀，旅客可自由進入參觀。

巴洛克風格之托卡爾珀宮殿，其實住的不是國王，而是 17 世紀販售鹽、絲綢等致富的商人興建的宮殿住所。三座塔樓是紀念東方三博士而修建的，頂部狀似洋蔥，選用純金裝飾，彰顯宮殿主人的地位。

宮殿正面，前方有面積較大的花園。

露天溫泉泡湯賞景
瓦萊州有多個溫泉、水療保健中心，距離布里格中
心僅 6 公里便有 Brigerbad 溫泉中心，屬於阿爾卑
斯山區面積最大的露天溫泉中心之一，共有 12 個大
小不一的水池、水療岩洞、長達 182 米的水滑梯以
及奧林匹克型游泳池。

❄ 藍天與風雪下的布里格

　　左圖是前一天拍攝的，豈料晚上開始下起大風雪，到了第二天清晨還在下著。

　　早上八點我們來到火車站，準備前往策馬特去看期待已久的馬特洪峰，是整個旅程中最重要的一天。可是，天氣預報那邊的天氣比起此地更為惡劣。後備計劃馬上拿出來！

布里格火車站
往來策馬特的火車，是在火車站外面廣場上的月台搭乘，如果要轉車前往瑞士其他城市或米蘭，就要走進這棟火車站內搭車。

布里格前往瓦萊州其他城鎮
往費爾施：40 分鐘　　　　　　往策馬特：約 1 小時 10 多分鐘
往薩斯斐：約 1 小時 10 多分鐘　往洛伊克巴德：約 1 小時
往韋爾畢耶：約 1 小時 30 分

遇上天氣惡劣，住在布里格可彈性重整行程

冬天是瑞士旅遊大旺季，高山小鎮的房價比起夏天漲出許多，策馬特更是一房難求；若是旅客找不到合適的旅館，建議考慮布里格，比如我們的 HOTEL AMBASSADOR，就在布里格火車站附近的數分鐘路程，然後每天搭約一小時車程前往目的地。

✳ 遇上天氣惡劣可因應情況而改動行程

除了高昂房價外，以布里格為住宿據點作擴散式旅行，一旦遇上天氣惡劣，便可以隨時改動行程。前往策馬特去看獨特外形的馬特洪峰，通常是許多旅客列為遊覽瑞士的幾件最重要事情之一，最理想自然是住在策馬特，可是萬一行程只能有一天的話，那麼這一天的天氣變得無比重要。對於那些只去策馬特一天的旅客，我們鄭重建議：不要住在策馬特！

✳ 往策馬特的那一天，下大雪！

以我們為例，原訂前往策馬特的那一天，是早上八點從布里格坐火車去的，抵達時間也才約九點，有充足時間登上兩個觀景台。不過，數天前天氣預告已指出當天會下大雪，果不其然，於是我們馬上改去其他地方。

正當我們前往另一個地方，策馬特一帶的天氣變得更惡劣，往返的火車也停駛大半天。要是當天住在或堅持前往策馬特，無法看到馬特洪峰再加上鐵道停駛被困，肯定是旅程最遺憾的一天啊！

接著我們根據未來數天的天氣預告，在最好天氣的那一天才去策馬特，結果一償心願在完美天色下去看馬特洪峰，以布里格為住宿據點的策略有多成功！

✳ 持續的大風雪導致策馬特封山三天

事實上，2017 年 12 月到 2018 年 2 月的瑞士下雪量特別大（其實是整個歐洲），阿爾卑斯不少山區的雪崩危險值有好幾回上升到最高警戒級別。我們出發前兩星期的 2018 年 1 月 20 日，策馬特便因天氣極為惡劣而封山，鐵道停駛多達三天，約九千名旅客無法離開，等到 22 號才能離開。

那幾天，鎮上的食品、飲料及電力供應其實沒有問題，旅遊局安排特備活動給無法離開的旅客。對於急於離開的旅客，是可選擇乘搭直升機，每人收費為 70 瑞郎，不過因為能見度低，需求又多，輪候上機的時間也很長……當時我們在家中格外關注這則新聞，一方面希望天氣儘快好轉，旅客可以繼續行程，另一方面期盼自己千萬不要遇上啊！

聯繫布里格火車站和市區的班霍夫大道，一步出火車站只見大街盡頭恰好與雪白山峰相對，立刻被這美麗又獨特的城市山景所吸引著！

我們這次住的 Hotel Ambassador，外觀小巧可愛，下圖是旅館一樓的餐廳。

info box

布里格旅遊局官網：www.brig-simplon.ch
Brigerbad 溫泉中心：www.thermalbad-wallis.ch
冰河列車：www.glacierexpress.ch
Hotel Ambassador：www.ambassador-brig.ch

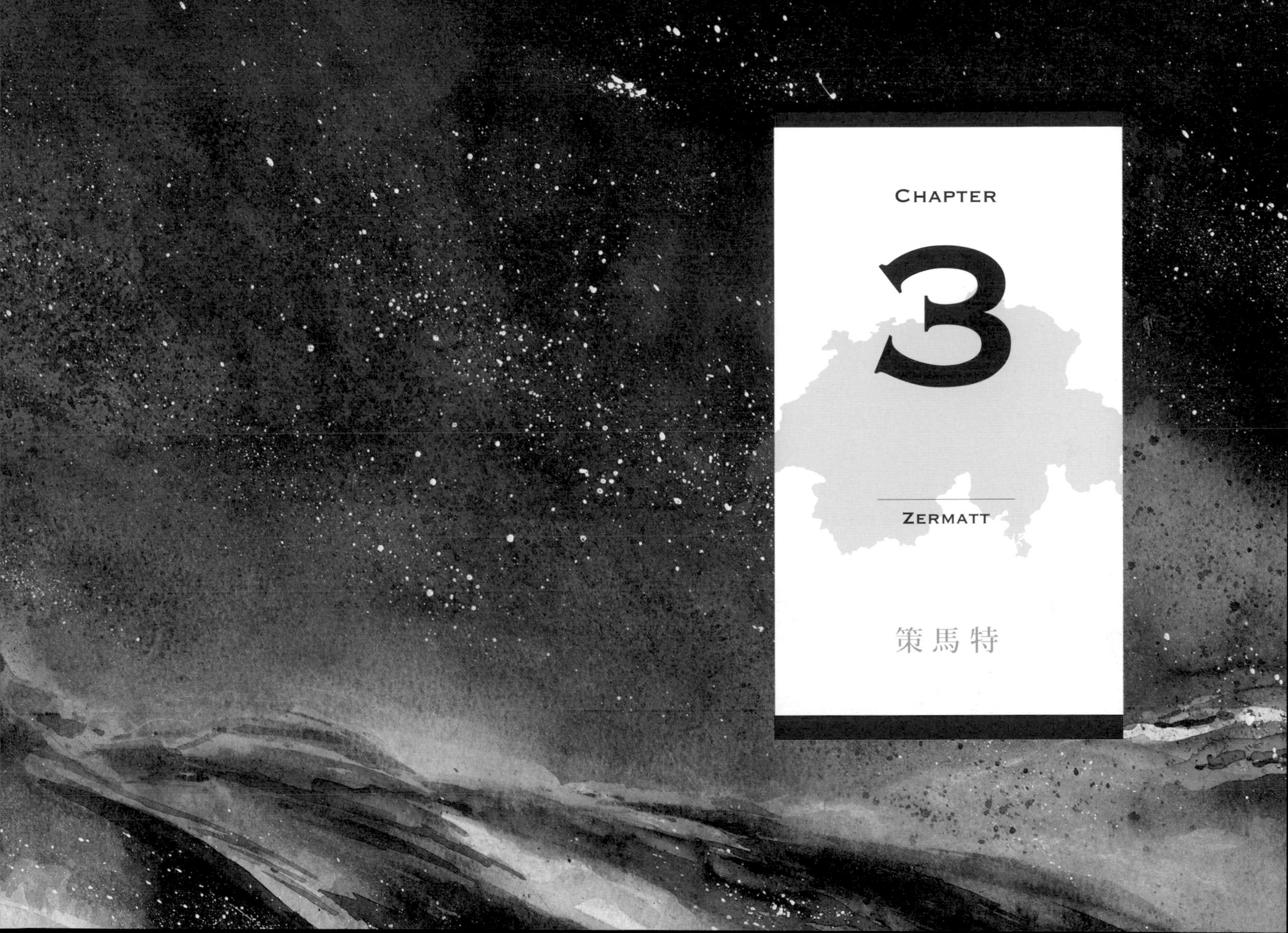

CHAPTER 3

ZERMATT

策馬特

3-1
SWITZERLAND 完美的馬特洪峰兩天旅程 策馬特三大觀景路線

「外形獨特的馬特洪峰，親眼看到後，一輩子都會記得她！」在前著作中，自己曾寫過這樣幾句話。

幾趟瑞士之旅之後，雖然不算很多，但總算最著名的幾座名峰我們也親眼觀賞到了：直至再度踏足策馬特的這一天，在萬里無雲、異常明亮蔚藍的天空下，彷如金字塔的馬特洪峰在我們眼前大放異彩，迷人不已，便深深覺得「一輩子都會記得她！」這一句說得不夠準確，我會改寫為：「我一輩子絕對記得她！」。

瑞士眾多名峰之中，如果上天只許我挑選一座無論在夏天或冬天同樣遇上美好天氣的山峰，不用他想，我會馬上高興的許願：「馬特洪峰！」

❶ 旅客中心，踏出火車站便見到。❷ 往 Gornergrat 觀景台的齒軌火車站，踏出火車站同樣見到。❸ 策馬特是座禁止汽車進入的山城，只見電動車、腳踏車或者觀光客乘搭的馬車，分外清新。圖中是旅館的電動車。❹ 小鎮上有幾間超市，COOP 就在火車站附近。❺ 瑞士知名的三角巧克力（Toblerone）就是以馬特洪峰做為品牌標誌。

英國有大笨鐘，法國有巴黎鐵塔，一說起瑞士，你想到甚麼？標高4478米的馬特洪峰，有如金字塔般的擎天之姿，為其最引人注目的地方，長久以來也成為瑞士最具代表性的山峰。

常有人說「不遊策馬特、不看馬特洪峰，不算到過瑞士」，我深深的贊同！

❆ 四個陡峭面的山峰

錐形山體的馬特洪峰，是一座擁有東南西北四個面的錐體，每一個面都十分陡峭，在不同角度看到的外觀都十分突出。

天氣良好，一旦遇上朝陽初升，長年積雪、傲立群峰的山峰，就會折射出金黃色光芒，被稱為「黃金日出」。

❆ 瑞義擁有的名峰

此峰位於瑞士及義大利之間，兩國共同擁有這座世界名峰，也因此她有兩個名字，瑞士人稱她為 MATTERHORN，這是德語，「MATT」意為山谷、草地，「HORN」意為山峰呈錐狀像一隻角；義大利名字是 MONTE CERVINO。

我們未曾踏足過義大利邊區去看 MONTE CERVINO，據說歷來人們都稱讚瑞士是享有較佳的觀賞角度，所以多年來旅客想要欣賞馬特洪峰，多數選擇瑞士。

馬特洪峰山腳下的環保山城

　　策馬特，是馬特洪峰這邊觀光住宿的最主要據點，海拔約 1800 米，位於狹長的馬特山谷（MATTERTAL）上，被 38 座超過 4000 米的高山所環繞著，是登上馬特洪峰附近三大觀景台的起始點，所以這裡終年擠滿各國旅客，熱鬧非常。

　　步出火車站便是班霍夫大街（BAHNHOFSTRASSE），是鎮上最繁盛的大街，商店、餐廳、超市都集中在這。此鎮早已是全球知名的度假高山小鎮，居民只有 6 千多人，旅館床位卻多達 2 萬 5 千多個。

❄ 用雙腳去認識美麗山城

　　小鎮居民於 1990 年公投決定成為「無汽車的城鎮」，鎮內的交通只有電車、電動計程車和電動巴士，所以火車站外常常停泊多架旅館的小型電動車在等候入住的旅客。這座原本已經遠離塵囂的高山小鎮，因而變得清新無污染。

　　如果你是自駕遊，車子便要停泊在 5 公里的 TASCH 鎮，然後坐火車進入小鎮，車程約 12 分鐘。

❄ 策馬特與馬特洪峰

　　隨著高高低低的地勢，策馬特鎮的房子建於山谷中、河流旁，再配上雄偉的馬特洪峰，無論從哪一角度欣賞，都一定是美極了的景色！

　　策馬特鎮位於狹長的谷地上，被 38 座超過 4000 公尺的高山所環繞著，昔日只是偏遠的小農村，因擁有觀賞、攀爬馬特洪峰的超優良地理位置而興起。

瓦萊州的古老建築：香菇屋

鎮上還完善保留了瓦萊州的古老建築，因其外形狀似香菇，所以俗稱香菇屋，除了此地，在布里格及薩斯斐為數不少。

在策馬特鎮的歷史區，保留了 17 世紀以來的 50 多棟傳統木房子，以黑色落葉松木所建造，除了供人居住，也用來儲存糧食。以前屋子裡專門放置醃肉、火腿、香腸等食物，深受老鼠的歡心，所以瑞士人想出了特殊建造方式來防鼠，就是先用木柱或石柱當地基，然後再放上扁圓狀的石塊，因為這突出的石板成功阻止老鼠爬不上去。

位於班霍夫大道盡頭的天主教教堂，建於 1913 年，是小鎮的標誌性建築物。教堂後方有墓園，部分埋葬著挑戰馬特洪峰而死亡的登山者，選在他們最愛的山腳下安息。墓園不遠處的小橋，正是觀看「馬特洪峰之黃金日出」的最好角度，這部分在《走訪多個觀賞地點欣賞不同面貌的馬特洪峰》章節會分享。

❶ 夜幕升起，策馬特與馬特洪峰組成的迷人夜景也開始上演。（官方圖片）❷ 廣場上的天主教教堂，是小鎮的標誌性建築物。❸ 小鎮的熱鬧大街，終年人來人往。❹ 古老木屋以黑色落葉松木所建造，使用石柱或木柱當地基，再放上扁圓狀的石塊（白圈），老鼠便無法爬上去。

此圖攝於往 Gornergrat 觀景台的列車上。火車緩緩駛離車站，慢慢爬坡，我們在車上可以近距離欣賞著，盡入眼簾的是整個山谷中的小鎮被雲霧繚繞著，分外有氣氛。

策馬特的三大觀景區

　　策馬特的周圍山區，劃分為「三大觀景路線」，幾乎每個纜車站或火車站都可以觀賞到名山（說得準確，在鎮上都可以觀看到），當然位置愈高愈能看到更壯觀的景色。

❄ 首選是 A 路線：Gornergrat

　　三大觀景路線，分別是 A 路線：Gornergrat、B 路線：Matterhorn Glacier Paradise 及 C 路線：Rothorn。眾所周知，A 路線的景觀是最好，我們也是最喜歡的。如果時間不多、只可選擇一條路線，你便知道我的答案。如果天氣預告早上是陰天多雲、而下午轉為天朗氣清，你便知道中午以後你才走 A 路線，早上則另有安排。而我們當然實踐了這個規劃，在這次及上一次都在天色最好的時段先遊覽 A 路線。

　　因為我們在夏天及冬天均來過策馬特，所以也分享三條路線的兩季之不同。正如剛才所說，A 路線毫無疑問一年四季都是首選。B 路線的冬天景色勝過夏季，因為在夏天只能見到一大片土灰色群峰，白色雪峰景色比較少，在後文會再說明。

　　至於 C 路線，位置上比起另外兩條路線，相距馬特洪峰較遠一點。在夏天到訪時，山上有一條五湖健行路線，就是在其中兩個纜車站之間健行，沿途拜訪五個山中湖泊，同時可看到馬特洪峰，「高山＋湖泊」組成景致從來都是熱門之中的熱門。

　　這五湖健行路線真的很熱門，許多人在走完 A 路線後，會因為這山中五湖而選擇先走 C 路線。不過踏入冬天，這些湖泊全都結冰，旅客便無法看到「高山＋湖泊」的美景。

高聳教堂鐘塔是小鎮的地標，有了它，在鎮上漫步無需擔心迷路。它也是小鎮重要的活動中心，許多音樂會都會在教堂前的廣場進行。

完美的馬特洪峰兩天旅程

　　就著策馬特必看必玩的最精華部分，我們規劃了兩天的冬天行程，大家可以根據自己的興趣再調整，本章最後是夏天行程及期間限定活動的介紹，其中的五湖路線，以及非常推薦的「坐上特別列車去看黃金日出」，也會提供參考。

第 1 天：以行走兩大觀景線為主，再搭配玩歐洲最高雪橇滑道。

　　在策馬特村頭坐上火車，展開 A 路線之旅 →　葛納葛特觀景台 →　下到 ROTENBODEN 站玩雪橇 →　滑到 RIFFELBERG 站 →　然後直接從 RIFFELBERG 搭乘 RIFFELBERG EXPRESS →　FURI　換纜車展開 B 路線之旅 →　從冰川天堂下到村後的纜車站 →　步行回到村內 →　參觀馬特洪峰博物館。

　　第一天的精彩旅程，其實是我們最想分享的內容，在後面分為三篇文章詳細分享。馬特洪峰博物館，是很值得去參觀的地方，亦可彈性另外排在第二天，而且持 SWISS TRAVEL PASS 可免費入場！

第 2 天：全天以滑雪為主，請看下文是策馬特三大滑雪場的分析。

A.
GORNERGRAT

ZERMATT（1620 米）→ GORNERGRAT（3098 米）
特色：可欣賞到馬特洪峰與羅薩峰等多座海拔 4000 米山峰，以及高納葛冰河，可玩歐洲最高的雪橇滑道。
登山交通：齒軌火車。

B.
MATTERHORN GLACIER PARADISE, SCHWARZSEE

ZERMATT（1620 米）→ SCHWARZSEE(2583 米)→
MATTERHORN GLACIER PARADISE（3820 米）
特色：可欣賞到群山峻嶺、壯麗冰河，是此區最大的滑雪場。
登山交通：8 人座位的空中纜車及 120 人的大型纜車。

C.
ROTHORN, SUNNEGGA

ZERMATT（1620 米）→ SUNNEGGA（2293 米）→
BLAUHERD（2577 米）→ ROTHORN（3100 米）
特色：也是滑雪場，夏天有五個湖泊之健行路線。
登山交通：在山洞中行駛的齒軌纜車、4 人座位的空中纜車。

本頁插畫及左圖均是 C 路線的交通工具，後者是第一段山洞中的齒軌纜車，前者是第二段的空中纜車。

3-2
SWITZERLAND
最適合初級者與最高點的滑雪路線 策馬特的三大滑雪區

官方圖片

官方圖片

左｜雖然雪地健行不需要任何裝備，但一對性能好的登山鞋還是需要的。

右｜從 Gornergrat 下行到 Riffelberg 有兩條連接一起的雪鞋健行路線，如果沒有雪鞋根本無法行走。這兩幅圖都是位於 Riffelberg 附近的深雪區。

策馬特的三條觀景路線，就是三個大型滑雪場，稱為 A 滑 雪 場：GORNERGRAT、B 滑 雪 場：MATTERHORN GLACIER PARADISE，以及 C 滑雪場：ROTHORN。

❄ 冰川天堂滑雪場

MATTERHORN GLACIER PARADISE 擁有四大賣點，首先它是三者中面積最大，提供 200 公里的滑雪道，是三個滑雪場總和（360 公里）的一半以上。第二賣點，它也是三者中的最高，A 滑雪場是 3089 米，B 滑雪場是 3899 米，C 滑雪場是 3103 米，旅客都可以一直滑到 1620 米高的小鎮內。不用多說，當然是 B 滑雪場的高度落差最大，2279 米之多！

第三及第四個賣點，B 滑雪場是跨國滑雪場，旅客可在最高點的 GLOBBA DI ROLLIN（3899 米）或是 TROCKENER STEG 開始滑去義大利；第四賣點，此處是全瑞士唯二的兩個夏季滑雪場之一。

❄ 初級滑雪道

初級滑雪道的所在地及數量，應該很多人關心。地圖上是藍色線條，我覺得三個滑雪場的滑雪道規劃都很好，畢竟初級滑雪者最需要照顧。三個滑雪場的最高點，都規劃了一些初級滑雪道，讓他們都可以體驗在最高處滑下去的刺激好玩，A 滑雪場是 36, 37 及 45 號滑雪道，B 滑雪場是 86 號滑雪場是 14 號滑雪道。

❄ 最高的滑雪道

關於最高的滑雪道，需要說明一下，B 滑雪場的冰川天堂觀景台（3883 米）並不是最高的滑雪道，旅客在觀景台外面需要再坐一趟吊車，去到 3899 米的 GLOBBA DI ROLLIN，那處才是真正的最高滑雪道起點。從那處滑回到冰川天堂觀景台，就是 86 號滑雪道。當然無論在冰川天堂觀景台或 GLOBBA DI ROLLIN，旅客都可以滑去較低處，不過那都是中級的紅道。

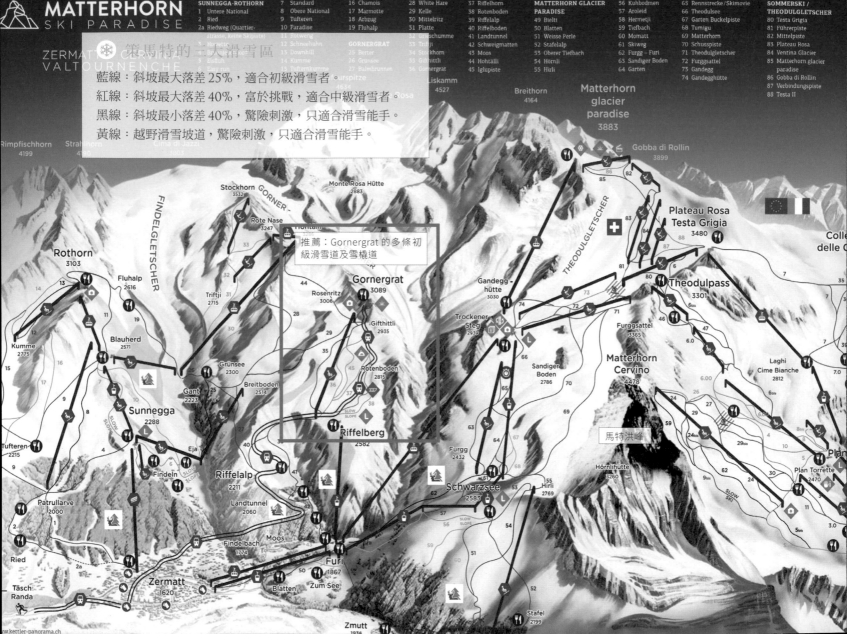

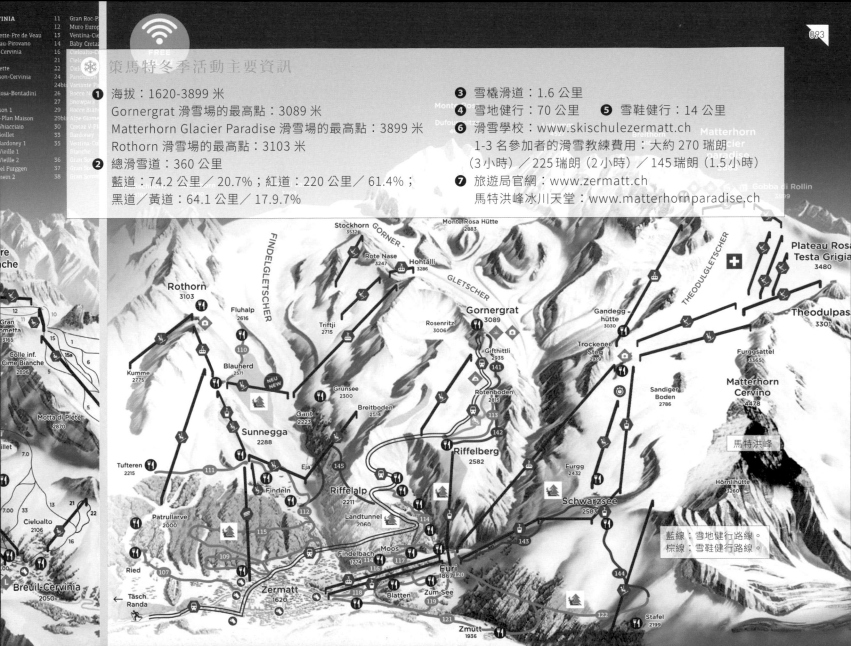

策馬特冬季活動主要資訊

❶ 海拔：1620-3899 米
Gornergrat 滑雪場的最高點：3089 米
Matterhorn Glacier Paradise 滑雪場的最高點：3899 米
Rothorn 滑雪場的最高點：3103 米
❷ 總滑雪道：360 公里
藍道：74.2 公里／20.7%；紅道：220 公里／61.4%；
黑道／黃道：64.1 公里／17.9.7%

❸ 雪橇滑道：1.6 公里
❹ 雪地健行：70 公里　❺ 雪鞋健行：14 公里
❻ 滑雪學校：www.skischulezermatt.ch
1-3 名參加者的滑雪教練費用：大約 270 瑞朗
（3小時）／225 瑞朗（2小時）／145 瑞朗（1.5小時）
❼ 旅遊局官網：www.zermatt.ch
馬特洪峰冰川天堂：www.matterhornparadise.ch

藍線：雪地健行路線。
棕線：雪鞋健行路線。

最適合初級滑雪者的滑雪道

　　三個滑雪場除了上面介紹的初級滑道，也有些是標上「SLOW SLOPE」，同樣是藍道，顧名思義，比起一般初級滑道更平緩更遼闊，特別適合剛學滑雪的人。所以三個滑雪場中，對於滑雪信心不太大或初級者，A 滑雪場是最推薦的。由最高點的 GORNERGRAT（3089 米）→ ROTENBODEN（2815 米）→ RIFFELBERG（2583 米），便集中了 36, 37 及 45 號藍道，再加上標上「SLOW SLOPE」的 38 號藍道，如此一來旅客可以同時體驗幾條不同走法的藍道。

❄ 雪地健行與雪鞋健行

　　關於雪地健行（WINTER HIKING）與雪鞋健行（SNOWSHOEING），官方提供另一幅地圖，前者有 15 條路線，大部分從 2000 米左右開始向下行的路線。至於雪鞋健行路線只有 5 條，熱門的兩條路線都在 A 滑雪區，從 GORNERGRAT（3089 米）下行到 ROTENBODEN（2815 米），稱為 141 號雪鞋路線，1.7 公里，需時 1 小時。

　　然後從 ROTENBODEN（2815 米）走到 RIFFELBERG（2583 米），稱為 142 號雪鞋路線，2.5 公里，需時 1.5 小時。兩條路線同樣是邊走邊觀賞馬特洪峰，後者還會經過已結冰的 RIFFELSEE 湖泊。這湖泊在夏天是觀賞名山倒影的熱門景點。至於雪鞋裝備，記得先在鎮上的運動用品店租用，才坐上火車開始雪鞋健行。順道一說，後文會介紹的雪橇道，就是 ROTENBODEN → RIFFELBERG。

此圖是 Gornergrat 站，剛下車的大批滑雪客馬上擠滿整條滑雪道起點。一片白雲都沒有，如此天朗氣清，多麼難得！

掃描即可觀看彩蛋影片「從 G0rnergrat 出發的初版級滑雪道」

Gornergrat 滑雪場的多條初級滑雪道

　　載我們上山的是納葛拉特鐵道（GORNERGRAT BAHN），因為滑雪大旺季，早上八至九點多都是高峰時段，所以班次會有特別安排。入閘時，職員問乘客打算在哪個車站下車，因為即將開出的會有兩班列車，不停站的直達車與非直達車。

❄ 一下車就是滑雪道

　　我們坐上直達車，車廂裡九成以上都是裝備十足的滑雪客，一群又一群大人之中，亦見不少小孩子與青年人。車程為 33 分鐘，GORNERGRAT 是終站，大家魚貫地下車，路軌旁邊的上坡可登到觀景台，另一邊就是下行的滑雪道，一下車就是滑雪道多方便！

　　從這裡開始滑下去，都是幾條寬闊平緩的初級滑雪道，由最高點的 GORNERGRAT（3089 米） → ROTENBODEN（2815 米） → RIFFELBERG（2583 米），包含了 36、37、45 號藍道，以及標上「SLOW SLOPE」的 38 號藍道，高度落差有 500 米。

　　「ROTENBODEN → RIFFELBERG」這一段設有吊車，專攻初級滑雪道的旅客就可在 RIFFELBERG 坐上吊車，如此往回在這幾條初級滑雪道上。「GORNERGRAT → ROTENBODEN」這段最高的滑雪道，自然是最吸引人的，滑雪方向的正前方就是雄偉的馬特洪峰，即使我們只是旁觀者，站在旁邊觀看著一名又一名滑雪客快速滑過去，也感到特別興奮！

以上三幅圖都是由 Gornergrat 開始滑下去的初級滑雪道，建築物是 Gornergrat 觀景台。夏天時滑雪道變成 15 及 22 號健行步道，都是輕鬆的熱門路線，三、四十分鐘便走畢。

此處比起 Gornergrat 滑雪場更接近馬特洪峰，身在纜車內的
我，彷彿感受到一種近在咫尺的壓迫氣勢，如果換在雪地上的
滑雪客，這種壓迫氣勢想當然更強烈吧！

❄ Matterhorn Glacier Paradise 滑雪場的最高點

此滑雪場是策馬特區三個場中面積最大的，此圖是我們坐上最後一段纜車升行時車窗外的景色。滑雪客都是坐上這纜車抵達最高點（3899 米），然後從中級滑雪道滑下去。這時已接近下午四點，風勢雖然轉大，天色趨暗但依然光亮，觸目所見的是一大片山坡上規劃了多條滑雪道，包括 83 號、84 號等中級與 87 號初級滑道等等，粗略估計高度已經達到 3500 米之高，比起 GORNERGRAT 滑雪場的最高點已高出數百米了。

滑雪客繼續滑下去，大致分為兩個大方向，一是繼續向下行，去到 TROCKENER STEG 站或策馬特鎮，另一方向就是前往義大利。

登上 Gornergrat 觀景台欣賞氣勢磅礡的群峰冰川
一天玩盡兩大觀景台的路線 Part1

登上 Gornergrat 觀景台的齒軌列車
Zermatt (1620 米) → Gornergrat (3098 米)
齒軌列車與一般火車之分別，就是在一般鐵軌中間放置
一條特別的齒軌，便可以攀爬陡峭的斜坡。

前文已初步介紹過的「完美的馬特洪峰兩天旅程」，接下來將詳細分享。不重複第二天滑雪活動的規劃，直接切入第一天的重點，目標是要前往兩大觀景區：Gornergrat 與 Matterhorn Glacier Paradise，再搭配玩歐洲最高雪橇滑道。事實上如果刪除玩雪橇，這規劃也適合不玩任何雪地活動的旅客，尤其是長者。

❄ 一天跑兩個觀景台的時間規劃

先要認識鎮上登山交通車站的位置，這兩個觀景區在鎮上的上車地點是相距一大片範圍，意思是旅客在策馬特村頭上車 → Gornergrat 觀景台 → 搭火車回到策馬特村頭 → 走到村尾的 Glacier Paradise 纜車站 → 經過多個站後 → 抵達冰川天堂觀景台 → 下山回到策馬特村尾。一般旅客都會有這樣的規劃，但一天跑兩個觀景台其實要抓緊時間。

❄ Riffelberg Express 之方便

不過，自從新纜車線 Riffelberg Express 出現後就方便許多，就在 Gornergrat 路線的 Riffelberg 站與 Glacier Paradise 路線的 Furi 站之間。旅客不用坐車回到策馬特村頭與步行至村尾等等，粗略估計節省至少一個多小時。尤其是冬天大旺季，滑雪旅客超多，每個纜車站都大排長龍，十分消耗時間。

左及中｜登山前的天色是陰雲密佈，原本在鎮上可看到馬特洪峰也看不到了。右｜不過，在旅客中心的即時影像，卻見到高山區是一片藍天。

最佳位置就在右側座位

旅客都想搶得先機選擇坐右側座位，因為馬特洪峰主要出現在鐵道的右側方向。我們如願地坐上有利的觀景位置，好整以暇地欣賞沿路的美景。
在 Gornergrat 觀景台後方還有一個更高的平台，可享 360 度的無敵景色，不用多想，馬上直接爬上最高處吧！
Gornergrat 站 (3089 米) → Gornergrat 觀景台 (3100 米) → 全景觀景台 (3131 米)

❄ 節省時間的路線規劃

因此，我們的推薦走法是：在策馬特村頭坐上火車，展開 A 路線之旅 → Gornergrat 觀景台 → 坐火車下行到 Rotenboden 站玩雪橇 → 滑到 Riffelberg 站 → 然後直接從 Riffelberg 搭乘 Riffelberg Express → Furi → 換纜車展開 B 路線之旅 → 抵達冰川天堂觀景台 → 離開觀景台下到村後的纜車站 → 步行回到村內 → 參觀馬特洪峰博物館。

❄ 省錢省時間的雙峰票券

所以旅客可以考慮雙峰票券（Peak2Peak），雙峰指的是 Gornergrat 觀景台與冰川天堂，就是一天內完成上面的走法。票券適用於 7 月至 8 月中及 11 月底到 4 月底。大人價錢為 136-172 瑞朗不定，要看月份，比如 7 及 8 月份是最貴的 172 瑞朗，持 Swiss Travel Pass 可享半價，詳細可參看官網，相反走法也適用。

左上｜火車行駛不久，熱切期待的畫面真的出現，山峰就在窗外露面了。左下｜直達火車不停地前進，三十分鐘左右便抵達終站。右｜這齒軌就是列車可以爬山的獨門絕技之一，運用這項技術，瑞士有很多火車都可以輕易地以大仰角行駛上山。

❄ 在陰天多雲下齒輪列車載我們上山

上半段行程是登上 Gornergrat 觀景台，坐上 Gornergrat Bahn，這是瑞士第一列的登山齒輪鐵道，於 1898 年開始運行；車站包括 Zermatt（1604 米）、Findelbach（1770 米）、Riffelalp（2211 米）、Riffelberg（2582 米）、Rotenboden（2815 米）及 Gornergrat（3089 米），高低差距 1485 米，全長 9 公里，車程 33 分鐘。後面三個車站是最主要的，旅客通常集中在那幾處，由最高點的 Gornergrat 開始遊覽，直至在 Riffelberg 完結行程，才返回鎮上。

當日的天氣是這樣的，剛下車站在鎮上抬頭看到的是令人擔憂的陰天多雲，馬特洪峰在濃霧中消失了。但是在旅客中心顯示山上的即時影像，卻是令人滿心高興的晴天畫面，山峰清清楚楚地大發光芒，一看便知道我們決定今天來到是十分正確的！

❄ 躺在床上看馬特洪峰的旅館

　　火車到達 GORNERGRAT 站後，我們直接登上車站後方的觀景台。3100 米的 GORNERGRAT 觀景台擁有兩個圓頂天文台，造成獨特的外觀，聽聞有科學家在裡面工作。

❄ 滿天星斗的迷人夜景

　　觀景台裡面有一間旅館 KULMHOTEL GORNERGAT，是瑞士最高的旅館，號稱可以「躺在床上看馬特洪峰」，被列為全球最具特色飯店之一。運氣好的住客在夜幕升起時，可以觀看到滿天星斗下的山峰，迷人不已；運氣再好的話，翌日清晨又可以欣賞黃金日出的馬特洪峰。

　　下一次再來策馬特之時，住在這座旅館，我想大概會是自己必做的幾件事情之一啊！

壯觀雄偉、氣勢磅礡的阿爾卑斯山群峰全景

如果我們為第一回 GORNERGAT 旅程的天氣打 90 分，那麼以這天的天氣來看，第二回可說是接近滿分，不但是蔚藍的天空，而且想在廣闊天空裡找一朵白雲都沒有，也維持蠻長的時間，大約中午以後，完美的天氣才逐漸退下來。

此處的最高點是由大大小小的石塊圍起的瞭望平台，就在觀景台後方，我們沿著觀景台旁的爬坡走上去欣賞氣勢磅礡的阿爾卑斯山群峰全景。

❄ 360 度的景觀劃分為兩大景色

因為瞭望平台沒有任何遮蔽，能夠享有 360 度的景觀，最可觀的景色大致可劃分為兩部分：第一部分是正前方，當然是以馬特洪峰為主角的群峰全景吧！雖說連綿群峰，擁有非常獨特山形的她，散發著誰與爭鋒的氣勢，周圍群山縱有四千米之高，也只能扮演眾星拱月的配角。

❄ 歐洲第二長冰河的高納冰河

第二部分是在觀景台正前方的左邊，從左至右，就是歐洲第二長冰河的高納冰河（GORNERGLETSCHER）、瑞士最高的山峰：羅薩峰（MONTE ROSA，4634 米）、葛倫茲冰河、卡姆峰（LISKAM，4527 米）。這方向其實還結集了多條冰河，因為角度關係不能觀看到全部而已。

GLETSCHER 是德語，就是英文 GLACIER 的意思，所謂的冰川 / 冰河是指大量冰塊堆積形成如同河川般的一個巨大流動固體，多數出現於高寒地區、在長年冰封的高山或兩極地區。冰河受到多年的積雪經重力或冰河之間的壓力，會出現沿斜坡向下滑的情況，就像下頁的葛倫茲冰河如滑梯般白茫茫的道路一樣。

瑞士的夏天活動，除了一般健行，冰川健行也很流行，意思是在導遊帶領下，踏在千年冰川上健行，行程時間方面，半天時間多為初級團，也有兩日一夜的冰川健行團。在策馬特、少女峰地區及阿萊奇冰川區都有，而我們則在聖莫里茲參加過。

上｜Gornergat 觀景台正面。中｜觀景台正門旁的小教堂。下｜觀景台的圓頂天文台，在 1996 年增建，形同堅不可摧的石造城堡。

上一回觀看時，山峰頂端有一抹固執不去的白雲，這次
絕對稱得上接近滿分的天氣，不但藍天，而且一片白雲
也沒有，雄偉壯麗的山峰百分百的完全展露無遺了！

觀景台露天咖啡座，坐擁無可匹敵的景觀視
野，如果能坐下來喝杯熱巧克力，靜靜享受這
場視覺與心靈的華麗饗宴，雖未能入住景觀旅
館，也感到大大的恩寵了！

葛倫茲冰河
(Grenzgletscher)

利斯卡姆峰
(Liskam，4527 米)

Zwillingsgletscher
(冰河)

Castor
(4223 米)

Pollux
(4092 米)

Schwarzegletscher
(冰河)

高納冰河 (Gornergletscher)
高納冰河自羅莎峰流下，一直延伸向右，連接數條較
小的冰河，匯流成長 12.9 公里，寬約 1.5 公里的大型
冰河，為阿爾卑斯山脈面積第二大、長度第三長的冰河。

馬特洪峰
（Matterhorn，4478 米）

❋ 即使是第 N 次的觀賞依然震撼！

論高度，馬特洪峰，在阿爾卑斯山脈中甚至連百名都排不上，卻以山形之壯美，加上周圍相對的空曠，給人拔地而起、唯我獨尊之氣勢！

此峰與其他 20 多座 4000 米的山峰、多條冰河組成的風景，即使是第二次，不是，即使是第三次、第四次、第N次見到，依然是這麼震撼、依然是這麼迷人，高昂激情的滿足感受真是難以言喻！

利斯卡姆峰
(Liskam，4527 米)

羅莎峰（Monte Rosa，其最高點為杜富爾峰（Dufourspitze，4634 米）），是瑞士最高山峰，僅次於法國白朗峰。

葛倫茲冰河
(Grenzgletscher)

利斯卡姆峰
(Liskam，4527 米)

阿爾卑斯山脈中第二長的冰河
高納冰河 (Gornergletscher)

Zwillingsgletscher
（冰河）

清澄的藍天、壯麗的群峰、遼闊的雪原，無不叫人驚嘆不已。此景只應天上有，成為我心中永遠鮮活的美麗記憶！

羅薩峰
(Monte Rosa，4634 米)

利斯卡姆峰
(Liskam，4527 米)

葛倫茲冰河
(Grenzgletscher)

阿爾卑斯山脈中第二長的冰河
高納冰河 (Gornergletscher)

布萊特洪峰
(Breithorn，4164 米)

hwarzegletscher
(冰河)

Unterer Theodulgletscher
(冰河)

馬特洪峰
(Matterhorn，4478 米)

Breithorngletscher
(冰河)

登上 3131 米的全景觀景台，這裡具有 360 度的開闊
視野，旅館、遠方的馬特洪峰、周圍連綿高聳的群山、
以及穿山越谷的高納冰河等等多條冰河都盡收眼底。

Castor
(4223 米)

Schwarzegletscher
(冰河)

布萊特洪峰
(Breithorn，4164 米)

Pollux
(4092 米)

Breithorngletscher
(冰河)

Zwillingsgletscher
(冰河)

Unterer Theodulgletscher
(冰河)

Hohtalli
(3286 米)

Stockhorn
(3532 米)

在最高瞭望平台的自由雪坡滑下去

最高瞭望平台在冬天只有一條通路，當看過全景後，旅客便要從原路折返下去。這處沒有滑雪道，正當我們離開之際，只見一位滑雪客（圖中穿著紅色外套的那一位）正準備在平台另一邊的自由雪坡（即是沒有被壓雪車壓過的雪坡）滑下去，在場的旅客紛紛變成觀眾，舉起照相機或手機拍攝。

這自由雪坡上有被滑過的幾道鮮明痕跡。他準備就緒，一瞬間飛快地滑在那很驚險的陡斜雪坡，幾秒間便衝到下方的一大片雪坡上，轉眼間在某個角落裡消失！

夏天時，白雪沒有覆蓋這一帶，那時候便見到這個自由雪坡其實是一條健行路線，稱為「GORNERGRAT → HOHTALLI」路線，往東面走約 1.6 公里，一小時便到達 HOHTALLI(3286 米)。然後 2 公里遠的還有 STOCKHORN (3532 米)，前者是空中纜車站，後者是吊車站，都只會在冬天才運作的，那兩處有 30-34 號的自由滑雪道，難度甚高。

我們目擊到紅色外套的滑雪高手在自由滑雪道滑行。

❄ 夏天的高難度健行路線

夏季時，GORNERGRAT → HOHTALLI 是一條不熱門、卻充滿挑戰性的步道，只因它是白藍白色的步道。

我們曾經走過，在途中需用雙手雙腳在數十米高的山坡上攀爬下去，這樣便明瞭此步道為何被標上「白藍白色」（是最難級別的步道）。

Hohtalli
(3286 米)

Stockhorn
(3532 米)

本頁圖片便是當時我們的情況，紅色衣服是導遊，黃色包包是 Erica，Stockman 是穿著綠色衣服，要不是有專業導遊在旁，我們也無法成功。

3-4
SWITZERLAND
在雪橇滑道上快速移動去看馬特洪峰
一天玩盡兩大觀景台的路線 Part2

對於不滑雪的旅客，滑雪橇絕對是一個理想的雪地活動，既能夠體驗雪地活動的樂趣，也不需要上課學習技巧。滑雪橇，在瑞士多稱作 TOBOGGAN 或 SLEDGING，兩者所指的雪橇設計應該略有不同，不過對於一般旅客的理解都是同義詞。

❄ 雪橇滑道的始點

接續上一篇，我們離開 GORNERGRAT 觀景台便坐上火車抵達下一站，雪橇滑道的始點就在 ROTENBODEN 站。值得一提，這處的車站除了掛有「ROTENBODEN」牌子，還有另一個「RIFFELSEE」牌子：這車站很熱門在於從此處開始走一小段路，便可抵達利菲湖（RIFFELSEE），湖泊在夏天沒有結冰，是觀賞馬特洪峰倒映在山中湖的理想地方，旅客通常看完便繼續健行，下行到 RIFFELBERG 站才上車下山。這個賞湖賞山搭配健行的規劃，是在夏天被許多旅客列為必做的事情。

❄ 租用雪橇的地方

說回玩雪橇，提供租用雪橇的白色小屋子就在車站閘口旁

邊，所以是先租雪橇才出閘，閘口外面便是滑雪道與雪橇道。走進小屋子，想不到裡面放置數十架大大小小的木製雪橇。一位職員負責租借服務，8 歐元可租一台雪橇，基本上是可以玩一整天，所以滑到終點後便可坐火車返回此處繼續第二回。

❄ 傳統的木製雪橇

這裡提供的都是傳統的木製雪橇，每一台都是一樣。有些雪橇場會提供現代化雪橇，操作上是比起這種木製雪橇較容易的，如果不太熟悉這玩意的旅客，在可以選擇情況下還是選擇現代化雪橇比較好。

❄ 多種式樣的雪橇

在場見到的本地人所使用的雪橇有多種式樣，大概是鎮上運動用品店租用或是屬於自己的。有些父母帶著兩、三歲小孩同坐一台雪橇，雪橇前段設有小孩座位，大人則坐在尾段。另外，一些小孩又玩著特別的雪橇，木雪橇前方安裝了駕駛盤，盤下安裝了第三個小小的雪橇板，看起來應該是方便操控轉彎。

Rotenboden
2815 m · 9235 ft

Riffelsee

❶ 我們坐上雪橇準備出發啊！❷-❸ 放滿雪橇的小屋子，職員在辦理租借服務。❹ Rotenboden 站外面就是雪橇道及滑雪道。❺-❻ 媽媽帶著小孩一起坐上雪橇，雪橇裝有小孩座位。❼ 雪橇道的起點。

此雪橇道的景觀真是一流，馬特洪峰就在正前方啊！

此圖攝於初段，看起來不算很陡的斜坡、彎道的弧度卻不大也不算多，不過如果不好好控制速度，一直提高雙腳加速的話，很容易會出事。白色圈圈就是剛剛失控的 Erica，人和雪橇一併衝進雪橇道以外的深雪區。黃色圓圈，推測是不久之前另一個人出事的地方。

❄ 最快 10 分鐘可玩完 1.5 里的雪橇道

先介紹這雪橇道，在策馬特只有一條官方的雪橇道，在附近的 TÄSCH 及 RANDA 兩個小鎮亦有兩條，策馬特這條自然是最為熱門。此雪橇道起始點為 ROTENBODEN 站（2813 米），全長 1.5 公里，彎道的弧度卻不大。終點是 RIFFELBERG 站（2582 米），高度落差為 200 多米。官方的滑行時間為 10 分鐘，意思是旅客中途沒有停下來一口氣地滑下去。

❄ 瑞士雪橇道並沒有難度級別

至於難度級別，不像滑雪道或健行路線，雪橇道是沒有界定任何級別，所以簡單來說瑞士不同滑雪場的雪橇道，基本上都列為「同一級別」。但實際的情況是，雪橇道就像滑雪道一樣，有些比較緩、有些比較斜。像這次旅程中，我們在策馬特、洛伊克巴德及薩斯斐玩過雪橇，表面上三條雪橇道都沒有難度之分，我們實戰之後發現後兩者是平緩的斜坡，一次出錯或失控也沒有發生，至於策馬特這一條很陡的斜坡，我們到底會遭遇怎麼樣的驚險情況，一會兒便說明。

左及中｜戴綠色頭盔的小女孩失控倒地後，馬上起身跑去追回雪橇
右｜小男孩坐在裝有駕駛盤的雪橇上，很酷啊！

❄ 雪橇事故

據說，在瑞士每年有近 7 千宗雪橇事故，小孩在滑雪橇過程中遇上的嚴重頭部和腿部受傷事故屢見不鮮。所以尤其像我們亞洲旅客，比較少接觸到雪橇玩意，安全的注意事項不可掉以輕心。

❄ 小孩子需穿上安全裝備

因此，一般應付雪地運動的裝備，如手套、防寒帽、滑雪褲當然是必備，小孩子最好使用頭盔、滑雪用太陽眼罩，如果有肘套，最好也戴上。至於鞋子，因為是使用兩腳放在雪地上檔雪以控制速度，所以是性能良好登山鞋是很重要，直接影響減慢或停住雪橇的速度。

有沒有發現？本頁圖片中全部玩雪橇的旅客，無論大人或小孩子都是戴頭盔。

三項全靠雙腳操作的雪橇技巧

雪橇的操作全靠自己雙腳，所以強調一對性能好的登山鞋很重要，主要操作技巧是：1. 提高雙腳、不接觸雪地，便能加快雪橇速度；2. 把兩腳放在雪地擋著雪，就能減慢或停住雪橇；3. 往右彎時，用右腳擋雪、提起左腳，這樣就能轉彎了（相反亦然）。

Erica 和紅色雪橇一起衝進深雪區，積雪相當厚，舉步艱難。

❄ 正式啟動

租借雪橇的職員講解以上的雪橇操作和歸還的地方後，旅客便可以開始玩。起點是沒有指導員，大家自行一個接一個滑下去。簡單而言，整條雪橇道有多處較陡的斜坡，後三分之一路段的斜度進一步升級，而最後一個斜坡是最陡的陡斜，並且還有幾個大轉彎。

我們整合當地旅遊局導遊的忠告，以及自己淺薄經驗，希望以下的建議可以提供一點點參考價值。

第一，開始下坡時，記得把雙腳放在雪地上，以減慢速度。我覺得這一點很重要，導遊指出因為失控最多都發生在下坡時候。除非你不是第一次滑行那雪橇道，否則根本不清楚迎面而來的下坡到底有多斜？如果一開始便提起雙腳加快下行的速度，那速度可以瞬間加快得很猛，失控的機會必定大大增加；即使中途想減慢速度，也未必及時做到。

第二，在平緩的滑道上，或斜坡尾段，才開始提起雙腳，這樣加快速度會滑得比較安全。第三：儘量維持在雪橇道中間滑行，減少跌進深雪區的機會。

❄ 兩次的失事

就這樣，我們在三次雪橇之旅中，在洛伊克巴德及薩斯斐比較平緩的雪橇道上，一次也沒有遭遇失控，玩得很暢快。不過在這處，我們兩個還是各有一次出事。首先是 ERICA，人和雪橇一起衝進深雪區，人首先跌進鬆軟的雪堆裡，雪橇則繼續高速滑行至遠處。結果那深雪區實在太深，只穿著登山鞋無法前行，只好繞一個大圈子，從另一條滑雪道走進去，取回雪橇。

❄ 雪橇飛進安全網！

後三分之一段的斜坡變得很陡斜，其中有一個看起來特別陡斜，我們只好拉著雪橇走下去。直至挑戰最後一個特別陡斜的山坡，還配上大轉彎，那彎道掛有安全網。ERICA 成功安全克服，至於 JACKMAN 即使一直用雙腳減慢下坡的速度，豈料還是失事，人和雪橇在半空翻動，雪橇猛力飛進安全網裡，並掛在網中，他則飛倒地上、翻滾至安全網前的雪地才停下來。

正當離開雪橇道之際，另一位旅客也像 JACKMAN 一樣失控，那人更慘，連同雪橇一併飛進安全網裡，其中一隻腳掛在網中，狠狠不已，需要其他人幫忙解困。

Jackman 的失事過程圖取自其身上的運動相機所拍下的影片
1️⃣ 準備滑下去。
2️⃣ 最後一段開始失控，雪粒四飛！
3️⃣ 他已經被拋離雪橇而在半空翻轉……
4️⃣ 雪橇掛在安全網上，幸好人・安全無傷。

掃描即可觀看彩蛋影片「翻滾吧雪橇」

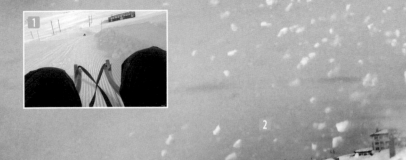

❄ 美麗的視覺錯覺帶來難忘回憶

　　就這樣，我們有驚無險地完成這趟雪橇之旅。玩這條雪橇道的重點除了陡斜山坡，當然還有可以與馬特洪峰合照。大約滑行至中段不妨停下來，找找看，驚喜就在合適的角度、合適的距離，一個可拍出在其他觀景台或健行路線沒有出現過的構圖便在眼前展現。美麗的視覺錯覺，讓你宛如與馬特洪峰併排在一起，而且你身高還會「高過」4000多米的她啊！

　　我們擺出各種各式的有趣姿勢拍下許多照片，個人照呀、合照呀及自拍照呀無一不缺，總而言之在這個罕見的視覺錯覺前，絕不可錯過，盡情地拍照吧！

3-5 SWITZERLAND
傲立於 3883 米觀景台飽覽壯麗的群峰峻嶺
一天玩盡兩大觀景台的路線 Part3

緊接上文，我們交還雪橇的 RIFFELBERG 火車站，與接著要搭乘的 RIFFELBERG EXPRESS 纜車站，並不是連結在一起，不過只需走一小段路。踏入中午時段，滑下來的一批又一批滑雪客紛紛停下來，這處有好幾間餐廳成為大家補充體力的好地方。我們午餐的地方就在纜車站附近的 RIFFELHAUS 1853，餐廳其實是此四星半級別旅館的一部分。

❄ 戶外按摩水池觀賞享受一流景觀

開業於 1853 年的 RIFFELHAUS 1853 旅館，有著獨特的歷史歲月，最大賣點與之前有介紹過的 3100 KULMHOTEL GORNERGRAT 旅館一樣，能夠輕易見到壯觀的馬特洪峰。對於有些旅客擔心高山症，睡得不舒服，那麼這間海拔略低一點的旅館（約 2500 米），應該會好一點。旅館還有 SPA 區域、烤箱區與戶外按摩水池，最棒的當然是在戶外按摩水池可以享受馬特洪峰的一流景觀。

❄ Furi 分成兩條纜車線

從 RIFFELBERG → FURI（1867 米）→ TROCKENER STEG（2939 米）→ MATTERHORN GLACIER PARADISE（3883 米），期間需要換乘不同大小的纜車。FURI 可算是中轉站，RIFFELBERG EXPRESS 載我們下到這裡，纜車會分成兩條纜車線，一條去 TROCKENER STEG，一條去 SCHWARZSEE PARADISE 再去 TROCKENER STEG。因為我們現在直接要去 MATTERHORN GLACIER PARADISE，便乘搭前往 TROCKENER STEG 的纜車。

官方圖片

上｜Riffelhaus 1853 旅館外觀，旁邊是 Riffelberg Express 纜車。中｜Riffelhaus 1853 餐廳，玩完雪橇後要用美食來犒賞自己。下｜Riffelhaus 1853 旅館的戶外按摩水池。

在 Trockener Steg 換乘最後一段纜車上到最高觀景台前，
需要走到外面；這時候便可見到纜車站外面一大片廣闊的
滑雪場，就是多條不同難度的、前往義大利的滑雪道及吊
車，跨國滑雪之旅在此開始！

上｜Riffelberg Express 纜車。
中｜在 Furi 換乘纜車。
下｜Trockener Steg 纜車站外面，
左下方是指示往義大利的方向。

❄ 攻頂的路線

插話幾句，Schwarzsee Paradise 這個站有何特別？為何特意增設此纜車線呢？只因那處十分靠近馬特洪峰，夏天時，攀登客可沿著上坡步道邁向山峰，約 2 小時可抵達山脊上的 Hornli Hut（3260 米）；這座小屋讓攀登者休息一晚，第二天清晨便攻頂。上一回我們就在此站開始健行下山，途中會遇見一座山中湖，湖邊有一座小教堂，就在山峰的正下方，構成另一幅相當經典的名山湖泊畫面。

相對上一次的情況，我們發現原來夏天的旅客人數真的比較少，那時候暢通無阻地換車；今次我們便見識到冬天滑雪大旺季的人潮盛況，每次換車都大排長龍；幸好已經選擇搭乘節省時間的 Riffelberg Express，否則會花上更久的時間。

❄ 往義大利的滑雪道

Trockener Steg 站集結特別多人，車站內外都是一片熱鬧，只因外面就是通往義大利的幾條寬闊滑雪道，所以有些滑雪客是準備滑往義大利的，同時間也有不少人是剛從義大利滑到瑞士的。我們在此站坐上大型纜車登上最高點。

因為人多導致全程超過一小時，正常的話只需要 40 分鐘。我們抵達海拔 3883 米的冰川天堂觀景台，那處也就是歐洲最高的纜車站。同上一回一樣，這是我們旅程中所能登上最高的地方。此觀景台實際是位於小馬特洪峰（Klein Matterhorn）頂部，在策馬特三大觀景台中，也是最接近馬特洪峰的。

❶ 步出 Schwarzsee 站，外面是滑雪道，但在夏天則是多條健行路線，其中一條是攀登馬特洪峰的路線。❷ .-❸ 觀景台內部有一個冰河底下 15 公尺的冰河宮殿，是歐洲最高的冰河洞穴，裡面還擺放可愛冰雕，特別適合小朋友來遊玩一下。❹ 旅客亦可觀賞攀登馬特洪峰的紀錄影片。

三大賞山賞湖的熱門健行步道

本圖則是下行的 28 號健行路線，途經美麗的
山中湖，還可以在近距離多角度觀賞到馬特洪
峰。此健行路線與前文提及的從 Rotenboden
站去看利菲湖，以及在另一文介紹的「五湖
路線」，都是夏天策馬特的三人賞山賞湖的
熱門健行步道。

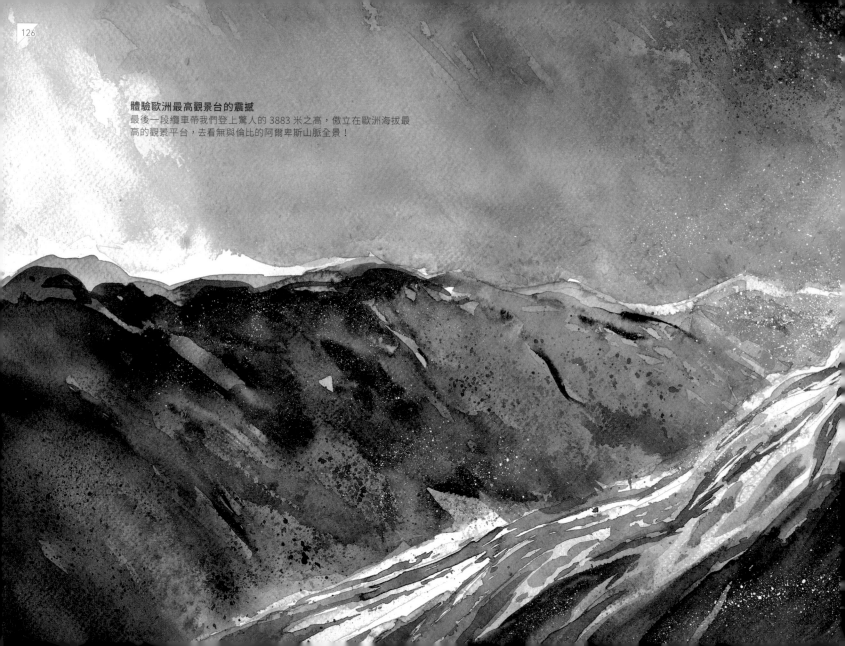

體驗歐洲最高觀景台的震撼

最後一段纜車帶我們登上驚人的 3883 米之高，傲立在歐洲海拔最
高的觀景平台，去看無與倫比的阿爾卑斯山脈全景！

馬特洪峰

❄ 第一時間步上展望台

步出纜車跟著指標前進，因為已接近四點整，最後一班車是下午四點半，我們在隧道加快腳步，很快找到可升到最高眺望台的電梯，緊接在階梯旁看到警告標示：「這裡已經是空氣稀薄的高山，請緩慢地行動，注意高山症。」這裡比起早上的觀景台高了接近 1000 米，上一回沒有遇上不適，這次我們也同樣沒有受到影響。

還記得，數年前離開冰川天堂觀景台時，心裡默默期盼著總有一天再來。這一回有緣一償心願再度俯瞰，這裡的觀賞焦點是遠眺阿爾卑斯山群峰的全景，馬特洪峰雖然只是其中一座，但依然因其獨特外形而馬上讓人找到，四周還有 38 座海拔 4000 公尺以上山峰，重重雲海在滿佈厚厚白雪的群峰峻嶺之間飄移，何其壯麗雄偉！

Breithorn：高度 4164 米，跟馬特洪峰一樣也位於瑞士與義大利交界處。是阿爾卑斯山脈眾多 4000 米山峰中，最容易攀登的山峰。
在此觀景台出口，便是滑雪道及走向 Breithorn 的攀登路線，在夏天時，我們曾經遠遠看到不少人緩緩登上此山峰之頂，需時約兩小時。

馬特洪峰

掃描即可觀看彩蛋影片
「馬特洪峰冰川天堂纜車」

info box

馬特洪峰冰川天堂：www.matterhornparadise.ch
Riffelhaus 1853 旅館：www.riffelhaus.ch

❄ 完美的結束策馬特之行

　　高山的天氣變化很快，早上是晴空萬里，下午通常是雲霧四起。此刻已是下午四點，只見一大片雲霧慢慢飄去擁抱馬特洪峰，心裡充滿著無限的感恩，我們還是趕得及上來、還是可以觀賞到，雖然不是完整的全貌，但眼前的壯麗全景在異常蔚藍天空下同樣震撼，足以叫我們帶著 100 分滿足的無憾心情下山去，完美的結束策馬特之行！

拾級而上，登上 3883 米的觀景台。下方是歐洲最高的滑雪區，全年 365 天開放。

| 最高觀景台下方的出口。右 | 出口外面便是往 Breithorn 的路及滑雪道。

3-6 SWITZERLAND 走訪多個觀賞地點欣賞不同面貌的馬特洪峰

　　外形突出、山勢雄偉的馬特洪峰，是一座擁有東南西北四個面的「錐形體山體」，從不同角度看，都有很不一樣的視覺效果。絕大部分的旅客來到策馬特時，所看到那角度的馬特洪峰面貌，就是第一幅畫面，深刻的第一個印象。

　　隨著登上不同的觀景台，站在不同方向、不同高度又會看到落差很大的馬特洪峰面貌，跟之前的觀賞印象完全不同。本文收錄了多幅山峰圖片，比較一下，哪些觀賞位置所看到的面貌你會比較喜歡呢？

❶

夏天：觀看「馬特洪峰之黃金日出」，我會列為到訪策馬特的三件重要事情之一。日出的那一短暫珍貴時刻裡，晨光照射到馬特洪峰頂部，由尖尖的頂部慢慢擴大至整個山體，正當自己視野觸及到的天空及群山還是暗淡無光，唯獨是這座獨特山體發出金黃色的夢幻光芒，蔚為奇觀，人稱為「馬特洪峰之黃金日出」。至於黃金日出倒映在山中湖，意思是同時看到「兩個黃金日出」，那就更加特別，只因觀賞地點只有一處，而且需要在還未天光前抵達，令觀賞變得難能可貴。詳細可看下文，如何坐上日出特別火車去看黃金日出倒影。

❸

❷

冬天：坐最後一段纜車登上 Matterhorn Glacier Paradise，在車廂內觀看到⋯⋯

夏天：走過鎮上小巷時看到，從這個角度看到山峰仿如一座龐然巨物。

③

④ 這幅同樣攝於自己旅館露台，找一間擁有類似景觀的房間當然比較昂貴，不過當你遇上好天氣便可寫意舒適地隨時隨地欣賞，便覺得付出了的金錢是值回票價！

夏天：馬特洪峰的黃金日出再次展現，這次是在鎮上的旅館露台上看到的。建議全心期望觀看夢幻的黃金日出，規劃策馬特的住宿天數，至少安排三至四天，只因天氣難料。那一回我們住上四個晚上，有幸兩個清晨的天氣特別好，所以才看到本文的兩次黃金日出。

①

②

夏天：在鎮上散步時，大家都可以欣賞到名峰，不過有一個公認的「最佳觀賞點」不可不知道，從教堂向右轉、走到河邊、站在橋上，站在那處可無阻礙、清晰地觀看名峰。

⑤ 從 Schwarzsee 站開始下行，行走 28 號步道途中觀看……

6

夏天：在下一篇文章會介紹途中遇見五個湖泊的健行路線，**3** 是 Stellisee 湖泊及 **6** 是 Leisee 湖泊，賣點是名山也出現在其中，組成「高山＋湖泊」美景。瑞士山谷裡，都會有很多美麗幽靜的山中湖泊，在對的時候、對的天氣便會出現「雪峰倒影」的美景，有緣遇見，自然是高山健行最大收穫之一。

冬天：從 Rotenboden 與 Riffelberg 之間的雪橇道觀看一片白茫茫的銀色世界。
在這角度、在這距離、在這完美的天色、在這一大片軟軟的白雪，眼前這一切與馬特洪峰組成的美景，在我心中佔據了一個重要位置。

夏天：從 Schwarzsee 站開始下行，行走 28 號步道途中觀看……

夏天：策馬特與馬特洪峰合照。

夏天：從 Matterhorn Glacier Paradise 觀看到的馬特洪峰，有點認不出來！

夏天：站在 Schwarzsee 站，所觀看到山峰特別巨大，這處是靠近山峰的地方，攀登客可沿著 27 號步道向上，花約 2 小時可步行至山脊上的 Hornli Hut（白色方格），在那間大石屋裡待一晚，第二天早上 4 時前出發，約 6 小時便能夠登頂。

上 ｜ Edward Whymper 組成的七人攀山隊。
下 ｜ 馬特洪峰博物館就在教堂廣場附近。

攀登馬特洪峰之歷史

　　觀看過不同角度的馬特洪峰，欲想進一步知道它的歷史，便不要錯過鎮上廣場旁邊的馬特洪峰博物館，持 Swiss Travel Pass 可免費參觀。

　　馬特洪峰在阿爾卑斯山脈中是最後一座被征服的主要山峰。攀山者於 1857 年開始嘗試征服，直至 1865 年 7 月 12 日，在瑞士及義大利各有一隊攀山團隊出發，比拚勝負。英國攀山家 Edward Whymper 組成的七人攀山隊 （五名是英國人，其餘是來自策馬特）先在策馬特鎮住宿一晚，在 7 月 14 日凌晨 3 點多出發，好不容易在中午成功登頂。正當歡天喜地之際，他們發現義大利登山隊早已來過的痕跡，才心灰意冷地離開。

❄ 發生意外，四人墜落山谷

　　下午以後天氣變壞，他們下山不久便遇上生死難關，便利用繩子互相連結一起，豈料四人最終墜進深深的山谷。僥幸生還的三人直到第二天才回到鎮上。事後，三人的屍首被尋回，另一位只找到其手套、一只鞋及皮帶……雖然法院裁定這是一場意外，生還者 Whymper 及 Taugwalder 父子卻被外界嚴厲評擊他們為了自救而切斷繩子……馬特洪峰也因為此事件而聲名大噪，從此吸引許多人到訪。

　　時至今日，登山者一年四季都可挑戰每一個面或山脊而攻頂。夏天是旺季，每天多達 100 人以上會登頂的。「東北面山脊路線」（又稱為 Hornli 山脊路線）較為多人選擇，即是前文提及的 Schwarzsee 站，攀山者可步行至山脊下的 Hornli Hut，第二天早上 4 時前出發去登頂。

　　在四個面與四條山脊之中，北面是最後被人克服的，直至 1931 年才成功，同樣從 Hornli Hut 開始，需時 14 小時才登峰。這個北面也是阿爾卑斯群峰難度最高之一，有「Great north faces of the Alps」之稱譽。

左｜畫家筆下的七人攀山隊成功登頂的一刻。右上｜博物館展出那關鍵性的斷繩。右下｜昔日的策馬特鎮。

3-7 SWITZERLAND 坐上日出特別火車追尋黃金日出倒影
夏季的山中湖旅程

當你在冬天的策馬特留下深深的愉快回憶，自然想在夏天再來走一趟。這裡有兩個夏季限定活動，同樣是關於山中湖泊；之所以稱為「夏季限定」，是因為它們在冬季期間都會結冰。閱讀本文後，你將會看到自己再度計劃遊覽此地的日子已經出現了。

A. 黃金日出在山中湖倒影

在鎮上，或是在 GORNERGRAT 觀景台的酒店，都可以看到馬特洪峰的黃金日出，但黃金日出倒影在山中湖，大概只有一個地方才看到，就是 GORNERGRAT 的利菲湖（RIFFELSEE），就在 ROTENBODEN 站下車走一小段路。看日出，當然必須在晨光還未展現前摸黑走到火車站出發。夏天首班車是七點正開出，當然無法辦到，怎麼辦呢？

唯一方法是參加「SUNRISE ON GORNERGRAT」限定活動，這其實是 7 月初至 8 月底每逢週四才有的「看日出鐵道套票」。旅程亮點是，旅客可以坐上比首班次還要早的特別列車，出發時間因日出時間而定，比如當年我們在七月底參加，當天日出時間預計為 06：17，列車便定在 05：25 出發。

就在日出前一刻，參加者抵達湖邊山丘上，那一回我們非常幸運，參加這如此特別的活動是抵達策馬特的第一個清晨，

其實前幾天天氣都一直陰雲密佈。觀看馬特洪峰的黃金日出倒影在湖泊上，即就是同時能看到兩個黃金日出！

「SUNRISE ON GORNERGRAT」不能現場報名，需要在前一天 16：00 前付款報名，包含去程車票 ZERMATT → ROTENBODEN（在此站下車看日出）→（看日出後再上車）GORNERGRAT、在 GORNERGRAT 觀景台享用自助早餐及欣賞音樂表演、回程車票（GORNERGRAT → ZERMATT），詳情及價錢可參考官網，SWISS TRAVEL PASS 不適用。因為每星期只有一次機會，所以十分推薦。

B. 五湖健行路線

「五湖健行路線」，賣點是在健行途中會拜訪山中五個湖泊，每一個都可以欣賞到馬特洪峰。

這路線是在 ROTHORN 觀景區，首先搭上山洞纜車去到 BLAUHERD（2578 米）開始健行，這條路線很平緩，全長只有 9.26 公里，依序經過 STELLISEE → GRINDJISEE → GRUNSEE → MOOSJIESEE → LEISEE 五個高山湖泊，最後走到較低的 SUNNEGGA（2124 米），官方預計時間為 2 小時 30 分，然後坐上山洞纜車下山。

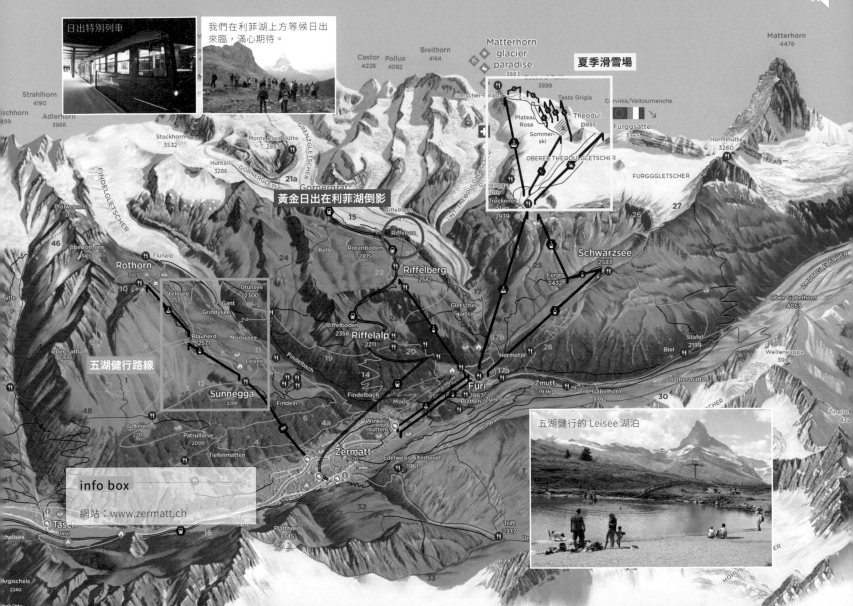

日出特別列車

我們在利菲湖上方等候日出來臨，滿心期待。

夏季滑雪場

黃金日出在利菲湖倒影

五湖健行路線

info box

網站：www.zermatt.ch

五湖健行的 Leisee 湖泊

CHAPTER

4

SAAS FEE

薩斯斐

4-1
SWITZERLAND
完美的薩斯斐三天旅程
薩斯河谷的六大觀景路線

海拔 1800 米的高山小鎮薩斯斐（SAAS-FEE）在哪兒？就在薩斯河谷（SAAS VALLEY），再說明清楚一點，它就是策馬特的鄰居，相隔一排群山。跟策馬特一樣，此鎮同樣是環保小鎮，只容許電動車子行駛。我們同樣有幸能在冬夏兩季都來，充分體驗不同季節的美。不得不重提，瑞士有兩個夏天滑雪場，策馬特以外的就是薩斯斐的米特爾阿拉林（MITTELALLALIN）。

❄ 造訪薩斯斐的美麗理由

SAAS-FEE 又稱為 GLACIER village（冰川村），FEE 解作 GLACIER，只因這群山裡，總共有 27 條大大小小的冰川從山頂流淌而下。如果問我們最喜歡哪三座瑞士高山小鎮？毫無疑問，薩斯斐肯定會出現在答案之中；我們在此優美小鎮留下深刻愉快的時光特別多，更何況這一回還多了一趟驚險難忘之旅。

薩斯斐（Saas-Fee）

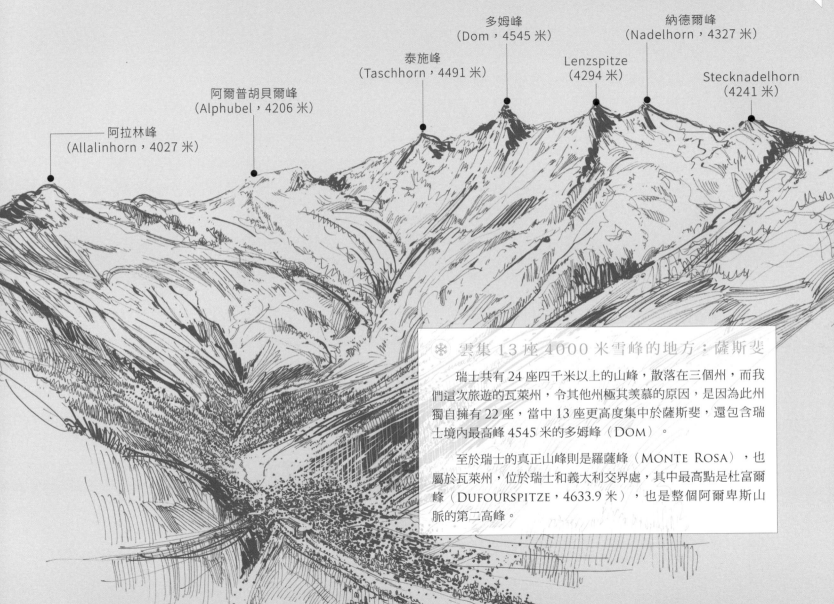

多姆峰
(Dom，4545 米)

納德爾峰
(Nadelhorn，4327 米)

泰施峰
(Taschhorn，4491 米)

Lenzspitze
(4294 米)

Stecknadelhorn
(4241 米)

阿爾普胡貝爾峰
(Alphubel，4206 米)

阿拉林峰
(Allalinhorn，4027 米)

❋ 雲集 13 座 4000 米雪峰的地方：薩斯斐

　　瑞士共有 24 座四千米以上的山峰，散落在三個州，而我們這次旅遊的瓦萊州，令其他州極其羨慕的原因，是因為此州獨自擁有 22 座，當中 13 座更高度集中於薩斯斐，還包含瑞士境內最高峰 4545 米的多姆峰（Dom）。

　　至於瑞士的真正山峰則是羅薩峰（Monte Rosa），也屬於瓦萊州，位於瑞士和義大利交界處，其中最高點是杜富爾峰（Dufourspitze，4633.9 米），也是整個阿爾卑斯山脈的第二高峰。

最完美的規劃自然是一併遊覽策馬特與薩斯斐

薩斯斐雖然沒有一座外形獨特如馬特洪峰的山峰坐鎮，但也有 13 座 4000 米以上的雪山和 27 條冰川組成的氣勢磅礡景致，因此最完美的規劃，自然是一併遊覽策馬特與薩斯斐！也許得到上天的特別眷顧，遊覽這兩地方的那幾天是我們整個旅程中最好的天氣。

❄ 前往薩斯斐的交通是郵政巴士

首先要明白，沒有火車去到薩斯斐，每小時一班的 511 號郵政巴士（SWISS TRAVEL PASS 可享免費）是唯一的公共交通工具，前文已介紹此巴士的起點，記得嗎？就在布里格火車站前方。如果你從布里格出發便在那兒上車；如果從其他城市坐火車出發，便可在菲斯普站（VISP）下車，再換上 511 號郵政巴士。巴士離開菲斯普站不久便進入薩斯河谷。菲斯普站算是中轉站，往策馬特的火車也會在此停站。

❄ 來往薩斯費與策馬特的交通

假如你接受我們的推薦，一併遊玩薩斯斐與策馬特，便要特別注意以下能節省時間的交通規劃。以我們為例，當我們於日間在策馬特完成旅程後，便坐上火車離開，可是不用回到菲斯普，提早在 STALDEN-SAAS 車站下車，換上往薩斯斐的 511 號巴士，這樣便省時得多。相反方向亦可適用，就是在 STALDEN-SAAS 車站可換上往策馬特的火車。

雖然不在大站上車，這 511 號巴士為了應付帶著大型行李的大量旅客，其後方都會掛著放置行李及滑雪用具的專車；我們上車時，司機查看 SWISS TRAVEL PASS 後，便把兩件大行李放在專車。

雪橇滑雪這運動，試過的人都會愛上，有沒有想過是誰發明的呢？答案竟藏在薩斯斐。1849 年 12 月 20 日，Johann Josef Imseng 神父接到一個來自薩斯格薩病危拜訪請求，情急之下，他想到將兩塊木板綁在鞋上，便直衝下山……這既是雪橇滑雪的雛型，也成為瑞士滑雪運動史上第一人！鎮上如今豎立了他的銅像。

❶❷我們告別策馬特，來到 Stalden-Saas 火車站外巴士站換車，511 號郵政巴士是唯一的前往薩斯斐的公共交通工具。❸❹ 薩斯斐郵政巴士總站，前往周邊的山谷小鎮也是依靠巴士。自行開車的旅客，必須將車子停在巴士總站附近的停車場。

米特爾阿拉林（Mittelallalin）

米特爾阿拉林（3500 米）是薩斯斐的最高觀景台，
也是夏天可以滑雪的地方，我們在前作中記下不少
此處的旅遊重點，這次則分享冬天的精彩內容。
左圖是登上此處的交通工具，是全世界在最高隧道
行走的列車，但它可不是穿越一般山體內的隧道，
答案在下一篇文章。

❄ 薩斯河谷的四小鎮

薩斯河谷共有四個小鎮，薩斯巴倫（SAAS BALEN，1488米）、薩斯格隆德（SAAS-GRUND，1599米）及薩斯阿馬格爾（SAAS ALMAGELL，1673米）位於薩斯山谷底部，高於前三者的薩斯斐（SAAS-FEE，1800米），屬於山谷的中心地帶，最靠近那群四千米的雪峰。四鎮各有特色，當然以薩斯斐的景色最為壯觀，旅遊設施及觀景台等最為完備，所以住宿據點也是在薩斯斐。小鎮之間是透過郵政巴士來往。

❄ 冬天的六大觀景台路線

整區有六條觀景台路線，也是滑雪雪場，主要集中在薩斯斐，包括A-D線；薩斯格隆德有E線，F線則位於薩斯阿馬格爾。

我們的行程會覆蓋A-D線。

A 線：SAAS-FEE ⇨ FELSKINN（3000米）⇨ MITTELALLAIN（3500米）
B 線：SAAS-FEE ⇨ PLATTJEN（2570米）
C 線：SAAS-FEE ⇨ HANNIG（2336米）
D 線：SAAS-FEE ⇨ LANGFLUH（2870米）
E 線：SAAS-GRUND ⇨ HOHSAAS（3200米）
F 線：SAAS-ALMAGELL ⇨ HEIDBODMEN 2400米）

又見瓦萊州傳統木屋
跟策馬特一樣，這小鎮亦有不少傳統木房子，用來儲藏起司、乾肉、乾草等等。在郵政巴士站的對面，便有二十多座維護得很好的傳統房屋群，其特殊的建築設計方式能有效防止老鼠跑進裡面吃掉糧食。房子看上去像被燒過，原因松木久曬便會出現自然黑色的色澤。

米特爾阿拉林（Mittelallalin）
此區的最高觀點台，是不可錯過的地方。

　　薩斯斐被多座高山與多條冰河環繞，小巧細緻的山城內禁行車輛，傳統的阿爾卑斯小城風味流瀉在空中。

　　藍天底下，滿目都是小木屋，白雪覆蓋的薩斯斐及群山全景，絕對讓人大呼驚豔的動人不已！重點是，那月彎形的一排雪峰及冰川全部感覺超近、近到恍若就在觸手可及之處！

　　當地對興建房子有一定的限制，比如新建房子必須要用石塊作頂、木材作主要的建材，其設計要與周邊的小木屋融為一體。

此圖攝於 C 線的 Hannig 觀景台，是居
高遠眺整個小鎮及群山的好地方！

完美的薩斯斐三天旅程

　　就薩斯斐的最精華部分，我們也規劃了三天的冬天行程，
不含滑雪，亦有四種雪類活動，很多元化，大家可以根據自己
的興趣再調整。

第 1 天：以行走兩大觀景線為主＋兩種雪類活動。

　　上午以 A 線為主，登上此區的最高觀點台：米特爾阿拉琳
（MITTELALLALIN）。觀光後下到 FELSKINN 站，一段輕鬆
易行的雪地健行（WINTER HIKING），約一個多小時。其間
FELSKINN ⇨ MITTELALLAIN 這段的交通，是全世界最高的
地下列車，同時也是唯一走在冰河裡面的地鐵。

薩斯斐溫泉水療中心及青年旅舍
青年旅舍是後方較高的建築物，溫泉水療中心就是白色框起來的
部分，旅客泡溫泉時，可透過那幾道窗子欣賞對面的溪谷及山景，
非常漂亮！（稍後有分享）

鐵索攀岩就在此峽谷
阿爾平峽谷（Alpin gorge）是薩斯斐與另一小鎮薩斯格倫德之
間的峽谷，整個旅程最驚險刺激的體驗就發生在裡面！我們使
用非常方法穿過峽谷抵達另一邊盡頭。

　　　中午以 C 線為主，返回鎮上，再坐上纜車，登上 HANNIG。
在那處餐廳享用午餐後，從一點也不驚險的雪橇滑道滑下回去。最
後以參觀薩斯斐博物館作結。

第 2 天：全天以滑雪為主，請看下文的薩斯斐滑雪場的分析

第 3 天：體驗兩項雪類活動。
上午挑戰鐵索攀岩（VIA FERRATA），下午是體驗雪鞋健行
（SNOWSHOEING），最後以泡溫泉享受一番作完美的結束。

C. del Turlo
2738m

Stellihorn
3436 m

Antronapass
2838 m

Sonnighorn

Portiengrat
3653 m

Weissmies
4

Almagellerhorn
3327 m

Almageller-
hütte SAC
2894 m

F

Heidbodme +
2400 m
📶 🍷

Eiu Alp
1930 m

Furggtal

Furggstalden
1893 m

Zermeiggern

❄ 冬天的六大觀景台路線

　　整區有六條觀景台路線，也是滑雪場，主要集中在薩斯斐，包括 A-D
線；薩斯格隆德有 E 線，F 線則位於薩斯阿馬格爾。我們行程會覆蓋 A-D 線。

A. SAAS-FEE ⇨ FELSKINN（3000 米）⇨ MITTELALLAIN（3500 米）
B. SAAS-FEE ⇨ PLATTJEN（2570 米）
C. SAAS-FEE ⇨ HANNIG（2336 米）
D. SAAS-FEE ⇨ LANGFLUH（2870 米）
E. SAAS-GRUND ⇨ HOHSAAS（3200 米）
F. SAAS-ALMAGELL ⇨ HEIDBODMEN（2400 米）

E

HÖHENMETER MESSUNG

Triftgletscher

Mällisgletscher

Trifthorn
3395 m

Almagelleralp
2194 m

SAAS-
ALMAGELL
1673 m

Alpjie

薩斯阿馬格爾
(Saas Almagell，1673 米)

Moos

Unter den
Bodmen

Bodmen
8

SAAS-FE
1800 m

Hohsaas +
3200 m

1a
1b

Lagginjoch
3499 m

2a

1

1c

Projekt rote Piste
„Hohchrüt"

Triftgrätji

Gorge Alpine

2

D

1d

Weissmieshütte SAC
2726 m

Kreuzboden +
2400 m

3

7

Jägihorn
3206 m

4

6

Neu! Hohsaas Funslope
Eröffnung Winter 17/18

D

Triftalp 2072 m

薩斯格隆德
(Saas-Grund，1599 米)

薩斯巴倫
(Saas Balen，1488 米)

Trift
2100 m

Tewald

Unter dem
Berg

Grüebugletscher

Zer-Engi

6

Bodme

Tamatten

Tewaldji

Melchbod

Rittmal

Fletschhorn

馬特洪峰
(Matterhorn)

Strahlhorn
4190 m

Allalinhorn
4027 m

Rimpfischhorn
4198 m

Alphubel
4206 m

Täschhorn
4490 m

Dom
4545 m

A n z a s c a

Macugnaga

Alphubeljoch
3782 m

Feechopf
3888m

Zermatt

Monte
Moro Pass
2868 m

erhorn
3035 m

Mittelallalin
3500 m

F e e g l e t s c h e r

Eispavillon

Britanniahütte
SAC
3030 m

Egginerjoch
3010 m

Felskinn
3000 m

Egginer
3367 m

Längfluh
2870 m

Mittaghorn
3143 m

Morenia
2550 m

Spielboden
2448 m

B

冰河村

❄ 冰河村

SAAS-FEE 又稱為 GLACIER VILLAGE（冰川村），
FEE 其實解作 GLACIER，只因這群山之間總共有 27
條大大小小冰川自山頂向山腳方向流淌而下，在地圖
可找出接近 20 道冰河。（★代表冰川）

Gletschergrotte

薩斯斐
(Saas-Fee，1800 米)

Ulrichshorn
3925 m

Alpenblick

Mällig
2700 m

Hannig
2336 m

C

Riedglets

Gemshorn
3548 m

ZEICHENERKLÄRUNG
SIGNS AND SYMBOLS

✚	Sanitätsposten | First Aid Station
Ⓡ	Rettungspunkt Langlauf | Rescue point Cross-country skiing
⊠	Sammelplatz Ski- und Snowboardschulen | Meeting point ski- and snowboard schools
ⓘ	Infostand Langlauf | info-point cross-country Cross-country skiing
	Eisbahn | Ice skating
🍷	Restaurant | Restaurant
	Drehrestaurant | Revolving restaurant
	Eispavillon | Ice pavilion
📷	Photopoint
⌂	SAC Hütte, Berghütte | SAC hut, Mountain hut
Ⓗ	PostAuto Haltestelle | Bus route with stop
Ⓟ	Parkplatz | Parking
ⓘ	Tourismusbüro | Tourist office
	Snowtubing | Snowtubing
	Schlitteln | Sledge
	Skidoo | Skidoo
	Freestyle Park | Fun Park
	Kinderland | Junior Park
	Beleuchtung | Illumination
----	Wald- und Wildschutzzone | Woodland and wildlife protection area
	Beschneite Piste | Pistes with artificial snow
—	Abfahrt leicht | Downhill run easy
—	Abfahrt mittelschwer | Downhill run intermediate
—	Abfahrt schwer | Downhill run difficult

❄ ～世界明毛公尺雪峰包圍薩斯斐的全他位置

位於薩斯格隆德（SAAS-GRUND）的 E 觀景路線，我們在上回旅程已登上過，特別重提是這個原因：薩斯斐號稱被 13 座 4000 米以上的雪峰包圍著，其實這十多座高峰到底在哪裡呢？她們分佈在兩個區域，第一區域最靠近薩斯斐，由 11 座山峰組成彎月形，B 觀景路線的 PLATTJEN 及 C 觀景路線的 HANNIG 都可以近距離觀看到大部分；不過說到要觀看全部的話，便要登上 E 觀景路線的 HOHSAAS 了！

在 3200 米的 HOHSAAS，可看到一字排十多座綿延起伏的 4000 米高峰宛如融為一體，從右至左：1 DURRENHORN（4034 米）、2 HOHBERGHORN（4219 米）、3 STECKNADELHORN（4241 米）、4 納德爾峰（NADELHORN，4327 米）、5 LENZSPITZE（4294 米）、6 多姆峰（DOM，4545 米）、7 泰施峰（TASCHHORN，4491 米）、8 阿爾普胡貝爾峰（ALPHUBEL，4206 米）、9 RIMPFISCHHORN（4199 米）、10 阿拉琳峰（ALLALINHORN，4027 米）及 11 施塔爾峰（STRAHLHORN，4190 米）。

最後兩座 4000 米高峰是靠近薩斯格隆德，當你登上 HOHSAAS 便可看到，分別是 12 WEISSMIES（4023 米）及 13 LAGGINHORN（4010 米）。（請一併對照本頁圖片及右方夏季地圖，一目了然。）

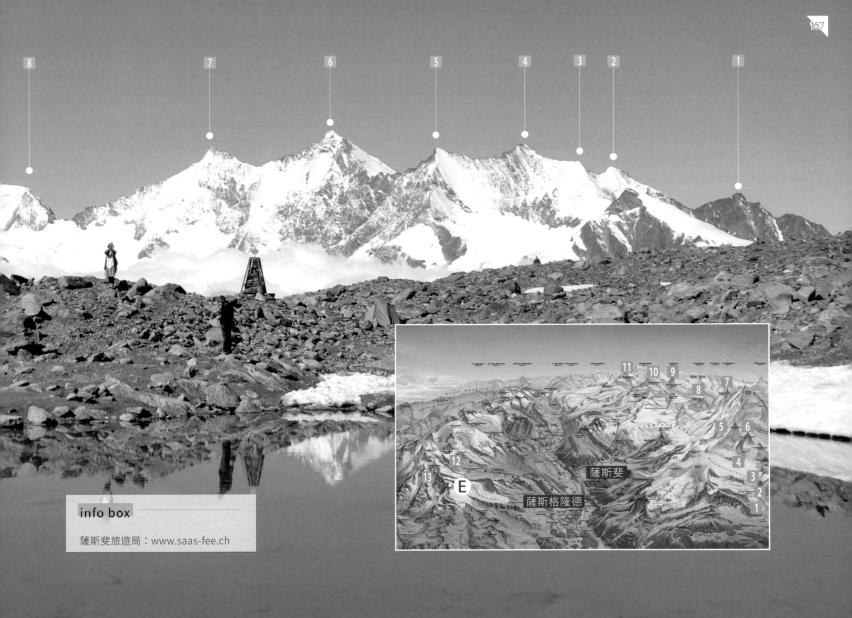

info box

薩斯斐旅遊局：www.saas-fee.ch

薩斯斐

薩斯格隆德

4-2
SWITZERLAND
搭乘穿越冰川的列車登上薩斯斐最高觀景台
完美的薩斯斐三天旅程 Part1

每個高山旅遊區總有一、兩個觀景台，是最叫人期待，很想在酒店放下行李後便馬上乘坐登山交通工具去看個痛快的。對我們而言，GORNERGRAT 觀景台是策馬特的最佳例子；至於薩斯斐，自然是米特爾阿拉琳（MITTELALLALIN，3500 米）。

米特爾阿拉琳有三大吸引力，首先她在薩斯河谷幾條登山觀景路線中，高度是最高的，可以看到更高更遠的景色；第二點對於滑雪客尤為重要，因為她擁有夏季及冬季滑雪場；然後，三項傲人的世界紀錄是她的第三個賣點，分別是世界最高且唯一穿越冰河的地下鐵道（METRO ALPIN）、世界最大且位置最高的冰洞（EISPAVILLION），以及世界最高的旋轉餐廳（3500公尺）。幸運的我們就在天氣特別好的時刻出發。

❄ 小鎮入口的幾個重要地方

本文是我們建議行程的第一天，建議預留一個上午，大約四個小時。步行到米特爾阿拉琳的登山車站，大多數旅客會從村口處那邊出發。小鎮入口有郵政巴士總站、大型停車場、旅客中心、傳統房屋群、貫通小鎮最熱鬧區域的大街、青年旅舍及溫泉水療中心。

村口附近有一座大橋，橋中央是觀賞整座村與群峰合照的最佳位置之一，我們曾經在不同時段來過，拍下不同時段與氛圍的美麗照片；反方向也可以看到阿爾平峽谷（GORGE ALPINE）。橫過此橋便去到另一邊山坡，稱為阿爾卑斯快車（ALPINE EXPRESS）的纜車站很快便出現於眼前。

左｜阿爾卑斯快車纜車站。
中｜第一段的纜車。
右｜坐滿滑雪客穿越冰河的地下鐵。

世界最高且唯一穿越冰川的地下鐵列車，在冰川裡面以每秒 10 米高速行駛。下車後仔細觀察此隧道出口的外壁，就是「冰川」！

❄ 兩段的登山交通

　　登上山頂終站需要搭乘兩段的交通，第一段是坐纜車去到費爾斯金（FELSKINN，3000 米），我們稍後會在這車站外面來一趟簡單輕鬆的雪地健行。

　　接著，從費爾斯金到米特爾阿拉琳的交通並非纜車，所搭乘的就是世界最高且唯一穿越冰河的地下鐵道（METRO ALPIN）。說實在，跟你平時坐地鐵沒有分別，也沒有風景可欣賞。不過，鐵道隧道其實是建設在海拔 3000 米以上的

CHESSJEN 冰川之內，列車是穿梭在冰川之內，以每秒十米速度爬升，短短的 10 分鐘車程便由 3000 米升到 3500 米的終站。

❄ 建設鐵道工程的氣魄、堅毅與智慧

　　此鐵道於 1984 年開通，隧道的長度為 1749 米，兩站之間的高度差距為 476 米。想像一下，昔日鐵道工程人員在冰川之內進行建設工作，以及列車在冰川之內運行等等這些畫面，你就會對此趟沒有任何景色可欣賞的列車之旅完全改觀，非常特別！

薩斯費青年旅舍及水療中心

在大橋中央是觀賞整條村與群峰合照的最佳位置。

我們也聯想到，百年前少女峰鐵道在 3 千多米高峰山體之內開掘鐵道隧道，便深深佩服瑞士人建設鐵道工程的氣魄、堅毅與智慧。

當你在終站下車時，記得回頭望下去，下方的隧道外壁不是水泥或金屬物料，而是貨真價實的千年冰川！所以比起著名的觀光列車：冰川快線（GLACIER EXPRESS），這列真真正正在冰川之內行駛的列車，是不是更值得稱得上「冰川列車」呢？

世界最大、海拔最高的冰洞就在米特爾阿拉林觀景台的最下面。沿著 70 米長的隧道走下抵達空間廣大的冰洞，足有五千立方米。鑽入最下面的冰洞，由腳底到頭頂，以及兩邊的冰壁，完全全是千年冰川。

冰洞內有不同走道和展區，包括如何開鑿此冰洞的過程、如何在風雪中救難、冰河探險及冰雪的結構等，觀賞這些知性主題，還可以下載官方 APP 獲取更多資訊。

阿拉林峰
(Allalinhorn，4027 米)

❄ 世界最高的 360 度旋轉餐廳

步出列車，便是建於米特爾阿拉林峰的瞭望台，我們步上世界最高的 360 度旋轉餐廳開開眼界，這是薩斯斐引以為傲的世界紀錄之一。如此寒冷天氣，熱巧克力應該是令人窩心的好選擇。如此，我們舒適地安坐一邊啜著熱巧克力，一邊細意觀賞著阿拉林峰，以及多座阿爾卑斯山脈的高峰與冰川。

由菲冰川形成 20 公里的滑雪道，可以一直滑回到小鎮。

五座四千米以上的雪峰
1 阿拉林峰（Allalinhorn，4027 米）　2 阿爾普胡貝爾峰（Alphubel，4206 米）
3 泰施峰（Taschhorn，4491 米）　4 多姆峰（Dom，4545 米）　5 Lenzspitze（4294 米）

神采飛揚的滑雪客，馳騁在 20 公里長的冰川滑道上

此處便是薩斯斐的最高滑雪道了，只見一起搭乘列車的滑雪客，神采飛揚地準備就緒，一個接一個在我眼前飛快地滑過廣闊的雪道。遠望一下，正前方那座相當平緩的山峰便是阿拉林峰，靠右邊再遠望一點便是由菲冰川（FEE GLACIER）形成20 公里長的下坡道，因為這處終年積雪，跟我們在上一回八月初來看到的景觀落差不大，頂多是四周的積雪情況比較深而已。這裡的滑雪場只在四月底至七月中旬暫停，滑雪旅客在長達九個月裡都可以上來在滑雪道大展身手！

補充一點，菲冰川的源頭來自阿拉林峰及旁邊山峰之間，1973 年時冰川長度為 5 公里，面積為 7.5 平方公里；跟其他冰川一樣，遭遇全球暖化而不斷後退，目前長度少於 4 公里。至於景色方面，靠近薩斯斐的 11 座 4000 米的雪峰，統稱為薩斯山脊，在這處可觀賞其中五座，包括 1 阿拉林峰、 2 阿爾普胡貝爾峰、 3 泰施峰、 4 多姆峰及 5 LENZSPITZE。

輕鬆易走的雪地健行

第二部分就在費爾斯金（FELSKINN，3000 米），車站外面有一條野雪滑道，只見很多滑雪客排隊輪流著滑下去，那滑雪道上的陡斜大彎道看起來超級驚險，肯定不是我們這等初級者應該體驗的地方。不滑雪的旅客，這裡有一條輕鬆的雪地健行路線，輕鬆的意思是完全平緩之路，沒有上坡也沒有下坡。

因為這處已高達 3000 米，所以終年積雪，上一回夏天的旅程中我們曾經行走過，眼前冬天的畫面與當時的夏天畫面沒有太大差別，都是一條積滿白雪的道路；反而是冬天期間，這處額外會有壓雪車開過，雪地因而被整理過，旅客走起來便比夏天更輕鬆。

左｜費爾斯金纜車站，外面是一條受歡迎的野地滑雪道。　右｜我們步離纜車站，開始雪地健行，後方是纜車站。下｜我們曾經在夏天行走過這一段，在前作中有記述。

　　事實上，「FELSKINN」這個名字，可以與附近數個地名串連一起，成為這一區著名冰川的健行路線，稱為馬特馬克冰川健行路線（MATTMARK GLACIER TRAIL），路線及地名是「FELSKINN → EGGINERJOCH → BRITANNIAHUTTE → MATTMARK」。這段可真是名副其實的冰川健行路線，全長 11 公里延伸擴展到四條冰川，部分路段更要求踏在冰川上行走，歷時 4 小時。

　　至於我們推薦的那一段，當然不會是 11 公里，也不用踏足在冰川上，只有「FELSKINN → EGGINERJOCH」這部分，稱為 EGGINERJOCH（2989 米），來自路邊的一座小小的山頭，其名字為 EGGINER（3367 米），這座山頭其實在纜車站已經可以觀望到。

　　那為何要推薦這段路，第一是輕鬆易走，第二是景色。景色的精彩之處是可以近距離看到冰川。原來從費爾斯金開始上移的區域，是由多條冰川組合而成的，面積最大的是菲冰川。

冬季期間，壓雪車會行走這一帶，把雪地整理一番。我們清楚見到一道道細密痕跡在雪地上，那便是雪地被壓過的「證據」，看起來發生於今早。

從纜車站開始起行,全程都是平緩之路,大約半小時便走至紅點,便叮折返。對此帶認識較多的旅客會繼續前行,挑戰更高難度的雪鞋健行。

此兩圖都是攝於夏天,同樣滿佈白雪,雖然雪地沒有被壓雪車壓,不過走起來依然很輕鬆。這條是熱門健行路線,不少旅客在上面觀景台看完景色後,便會來這裡走一走。

❄ 沿著冰川邊緣的雪地健行

這次雪地健行就是沿著 CHESSJEN GLACIER 的冰川邊緣而行的。「FELSKINN → EGGINERJOCH」路線位於半山腰之處，右邊山坡上面便是一大片 CHESSJEN GLACIER，這冰川沿斜坡向下滑剛好流至旅客頭頂上方，看起來冰川極像隨時湧下來之勢；另一邊是沒有安全圍繩的山坡下方，因為整段雪路較為寬闊，所以走起來一點也不感到擔心，當然是要穿著一對防水防滑的高筒登山鞋，此終有部分路段的雪比較深。

隨處可見深深的冰川裂隙與深不見底的冰洞，就是此路的迷人地方！當走至中段，CHESSJEN GLACIER 尾段就會真正地在我們的頭頂上，凝視著那冰川厚度，便知道大自然是何等力量！

結束第一天上午行程

如此輕輕鬆鬆走一走，約半小時便走到 EGGINERJOCH，喜愛挑戰又對地形認識的旅客便會繼續走，比如走到另一個觀景台：普拉蒂恩（PLATTJEN），需時約兩個多小時。普拉蒂恩與哈尼克（HANNIG），都是二千米的觀景台，欲想觀賞到近在咫尺的群峰及冰川壯麗景色，那就是這兩處了！

建議第一次到訪的旅客原路折返，換一角度再欣賞冰川裂隙與厚度的景色，最後坐上纜車下山去。

登上 Hannig 觀景台來一趟零驚險的合家歡雪橇

4-3
SWITZERLAND

完美的薩斯斐三天旅程 Part2

　　幾個薩斯斐觀景台之中，我們很喜歡小鎮靠右邊群山的哈尼克（HANNIG，2336 米）。她與小鎮靠左邊群山的普拉蒂恩，同樣是座落在 2 千多米高度的山崖處，旅客可以近距離觀賞到群峰及冰川的壯麗景色。

　　我們來過哈尼克觀景台好幾次，對那種宛如觸手可及的雪峰景色感到十分震撼，每一趟都留下一樣深刻的回憶。

❄ 哈尼克的多元化雪地活動

　　推薦哈尼克的原因，不只可觀的景色，事實上這處並沒有滑雪道，反而是多元化、難度不高的雪地活動才是吸引之處，包括幾條雪地健行路線、雪鞋健行路線，以及一條雪橇滑道！

❄ 不玩雪橇，便不要錯過雪地健行吧！

　　雪橇滑道是本文的主要分享，後面會詳細分享，不過在此先說一說雪地健行路線。如果是長者或是帶著年紀很小的小孩子的父母，應該會覺得玩雪橇不太適合，那便要走一走雪地健行路線。

　　上一回經驗，我們便從哈尼克觀景台開始走下去回到小鎮，那是一趟相當愉快的健行回憶。至於冬天，這裡有好幾條雪地健行路線，我們雖然沒有真實的走過，不過在坐纜車時，透過窗外便清楚見到那幾條在山坡上的「之」線型步道，都是被雪壓車壓過的路，一眼便知道都是輕鬆易行，沿途也有不少人正在慢慢寫意的走著。

　　跟同行的旅遊局導遊確認一下，她微笑回應：「這肯定是超級輕鬆的下行步道！」若非要玩雪橇，我們定會走一趟的，因此我便覺得很值得推薦此處的雪地健行路線。

從哈尼克觀景台開始的幾條雪地健行路線，都被壓雪車壓過，特別適合帶著小孩子和長者一起慢慢走下去，需時約一個多小時。沿途便是壯麗群峰懷抱小鎮的景色，是那種很近很近距離的動人感覺。

❶ 鎮上的哈尼克纜車站，租用雪橇也是在這裡。
❷ Dienstag = Tuesday, Nacht = Night, Schlitteln = Sleding，意思是每週二旅客可以上山玩夜間雪橇啊！
❸ ❹ 夏天時，我們從觀景台健行下山。途中有一間製作羊奶的農舍，當時還訪問了一位來此地打工的德國人。

❄ 租用雪橇就在小鎮的纜車站

我們規劃的完美薩斯斐旅程，建議當完成米特爾阿拉林觀景線之行，便要回到鎮上再坐上哈尼克纜車；不過上車前，記得在纜車站租用雪橇，這裡提供的都是木雪橇，費用為 8 瑞朗。至於纜車票，打算玩一次便買單程票；亦有旅客喜歡多玩幾次，便可考慮一天任搭的車票。而且，每逢星期二可以在晚上玩雪橇，纜車會延長服務；我想在夜間玩雪橇更加刺激又好玩，有機會真想玩一玩啊！

❄ 哈尼克山上的唯一餐廳

登上哈尼克觀景台的時間很快，小鎮房屋轉眼間變成如一個個細小的火柴盒。正值中午，餐廳坐滿許多一家大小的旅客，旁邊設有遊樂及兒童攀爬設施，小孩們玩得不亦樂乎。戶外餐桌自然是黃金區域，大家可以慢慢欣賞那近在咫尺之間的雪峰與冰川的美景。

這時候，亦見三三兩兩旅客在靠近山崖邊緣的柵欄觀賞景色，立刻勾起夏天時我們曾經在那處向下望，發現幾隻土撥鼠在山坡上爬來爬去的記憶片段；現在山坡覆蓋了白雪，厚厚的白雪下應該有好幾個洞，牠們就在那裡面冬眠了吧。

左｜天氣很好的一天，餐廳坐滿旅客。右｜夏天，在觀景台下方的山坡會有土撥鼠出發，我們有幸看到。

旅客在此觀景台可以觀望到近在咫尺的群峰及冰川景色，左圖是冬天，右圖是夏天。

左｜小孩子在雪堆中玩雪，好不開心！**右**｜正在穿雪鞋的旅客，不曉得他們會走哪一條路呢？

在薩斯斐經歷這趟零失控的經驗後，燃起自已挑戰
夜間雪橇的想法。我想，總有一天，會在瑞士某個
高山區真真正正來一場夜間雪橇之旅！

合家歡的雪橇滑道

來到本文的重點，就是玩雪橇！整個薩斯山谷有好幾條雪橇滑道，而在薩斯斐則只有一條，這條我形容為「合家歡的雪橇滑道」，纜車站旁邊就是起點，基本上旅客提著雪橇步出車站便可以馬上玩的。

正如之前所說，瑞士雪橇道沒有劃分難度級別，如果問當地人，以他們標準而言，答案通常是「簡單輕易」，但我們可要做好心理準備，因為我們並不是經常玩、對雪橇道又不熟悉、更不是從年紀很小便開始玩各種雪類活動的瑞士人。

❄ 貨真價實的簡單輕易級別

不過，這次推薦的雪橇道，經過我們親自的體驗，真是「貨真價實的簡單輕易級別」，可以放心玩一玩！雪橇道全長 5.5 公里，垂直落差 500 米左右，以「之」線型的平緩滑道為主，就像前文介紹下山的雪地健行路線一樣，需要轉彎。

左｜連同導遊，這就是我們的三台木雪橇車，在小鎮的纜車站租用。
右｜雪橇滑道的起點，右邊是山坡斜度牌子，此處為 30 度，是最斜的一段。

❄ 滑道的寬闊度

滑道的寬闊度，相對策馬特雪橇道而言，這處是比較窄的。所以在某些路段或轉彎位，亦有掛上安全網。

❄ 滑道的斜度

雪橇失控常常發生在下坡的時候，如果你不清楚斜度有多少，最安全的做法便是一下坡就放低雙腳以減速。這裡比起策馬特多了一種令人放心體驗的設施，就是沿路設有山坡斜度牌子，比如在始點我們便見到一根標有 30 斜度的圓形牌子，這已是全段最陡斜的了。

直至中段，山坡斜度介乎 20 度至 30 度之間；然後開始進入 10 度至 20 度的山坡，到最後的平緩斜坡只有 8 度。正因為沿途都設有坡度牌子，旅客便可掌握速度的變化，出錯的機會大大減低！

左｜前方不遠處出現樹林，景觀逐步轉變。另一角度來說，我們已下行到此山區的林木線（tree line），意思是林木線以內，植物是如常生長，一旦逾越該線，大部份植物均會因風力、水源、土壤及／或其他氣候原因而無法生長。
右｜進入樹林區，牌子標示山坡斜度為 23 度。

❄ 零失控的致勝關鍵

前半段的雪橇道是滑行在沒有高樹的山坡上，雪峰與冰川組成的美景還在咫尺之間，是整段雪橇道的最美景色，絕對值得一邊滑一邊欣賞。不過這段斜度維持 25 至 30 度之間，最容易失控的也是在這段路上。

能夠做到零失控的致勝關鍵是「在每一個彎道都停車或用超慢速度進行滑行」，失控機會便大大減低。只要做到此，就可萬無一失。

當雪橇道進入樹木區，已經沒有特別吸引力的風景，這時我便專注前面的雪橇道。山坡斜度也漸漸變成 10 多度，十分安全。信心漸漸增多，自然而然提起雙腳，盡情體驗玩雪橇的快速樂趣，加快衝往終點吧！

上｜每次轉彎都停下來，然後再起動。
中｜14 山坡斜度出現了，已進入安全區！
下｜橘線是雪橇滑道。

上｜左牌是雪地健行路線，右牌表示你可以盡
情地加速！
下｜順利抵達終點，零失控達成，太棒了！

任意在 3000 多米雪地馳騁的薩斯山谷滑雪區

4-4 SWITZERLAND

完美的薩斯斐三天旅程 Part3

薩斯山谷共有六個滑雪場，薩斯斐則包攬四個，總共 150 公里的滑雪道，多次被評為阿爾卑斯山五大最佳滑雪勝地。初次踏足此山谷的滑雪客，多數以薩斯斐為住宿據點，自然而然也以此鎮四個滑雪場作為大展身手的舞台。

❄ A. 享受最高點風景的米特爾阿拉琳滑雪場

多數人的焦點會放在米特爾阿拉林，當然因為她是此山谷中最高的滑雪場，在 3500 米的米特爾阿拉琳觀景台外面，便是夏、冬季都適宜的優良滑雪道的起點。雪季長達 9 個月，每年從 7 月下旬開放，直至翌年 4 月底關閉。

此滑雪場劃分為兩大部分，「MITTELALLALIN（3500 米）→ FELSKINN（3000 米）」為第一部分。此部分以開闊雪道為主，大部分都是中級滑雪道，景色也是最壯麗，沿途盡是高峰及冰川。這一段是全年終雪，雪況一流，也就是在夏季可以滑雪的地方。

第二部分是「FELSKINN（3000 米）→ SAAS-FEE（1800 米）」，幾條初級滑雪道在 FELSKINN 纜車站開展下去，所以不少經驗還未足夠的滑雪客不會去最高點、而選擇在此滑下去，一方面是交通費便宜一點，另一方面自然是這幾條是初級滑雪道。不過，整體而言，由 FELSKINN 開始一直滑至小鎮，仍以中級滑雪道比較多。值得一提，在 FELSKINN 纜車站外有一條野地滑雪道，在相當陡斜的一道大山坡上，滑雪客需要挑戰一個大轉彎，然後一直衝下去；路過的旅客就像我們不其然被吸引稍為停下腳步，駐足觀賞滑雪客滑過大轉彎的精彩畫面。

薩斯斐周邊的四個滑雪場
1 米特爾阿拉林滑雪場 **2** Langfluh 滑雪場 **3** Plattjen 滑雪場 **4** Stafelwald 滑雪場

掃描即可觀看彩蛋影片
「薩爾斐斯的夏天滑雪場」

米特爾阿拉林滑雪場是薩斯山谷中最高的滑雪場，在 3500 米的
觀景台外面，便已是夏、冬季都適宜的優良滑雪道的起點。

❄ B. 挑戰難度的 Langfluh 滑雪場

此外，靠近米特爾阿拉琳滑雪場，有一個稱為 LANGFLUH 的滑雪場，包含「LANGFLUH（2870 米）→ SPIELBODEN（2448 米）→ 薩斯斐（1800 米）」，兩者可算是姊妹滑雪場；首先在鎮上有共同的纜車站，所以滑雪客可以很方便的輪流體驗兩邊不同風景的滑道；另外，從米特爾阿拉琳滑下去，途中可分為兩個方向，可選擇滑去費爾斯金或 LANGFLUH。

LANGFLUH 滑雪場的吸引人之處，是在米特爾阿拉琳山脈的雄偉壯麗環抱中，近距離觀看冰隙和冰林。不過，要注意此處以高級與中級雪道為主，滑雪技巧熟練者才挑戰啊！

❄ C. 適合初級的 Plattjen 滑雪場

這滑雪場以松林景色為主，包含「LANGFLUH（2570米）→SAAS-FEE（1800米）」，中段以後都是較為平緩的初級雪道，沿途不少滑雪學生在練習，屬於進階學習的程度。

❄ D. 適合初次滑雪者的 Stafel 滑雪場

這處就在小鎮後方，不用坐上纜車，是專為首次滑雪、初級滑雪客而設，因而滿佈年紀較小的滑雪學生，跟著教練展開人生的初次滑雪體驗。吊車帶滑雪客升到不同的高處，便可開始滑下去、不斷練習。

米特爾阿拉林滑雪場
在厚厚的冰雪下，Metro Alpin 列車在離費爾斯金站後即穿越 Chessjen 冰川，上升到世界上最高的旋轉餐廳。走出觀景台，滑雪客便可以在多座海拔 4000 多米的群峰及冰川景色下、於廣闊的滑雪道大展身手！

時近黃昏，鎮上大大小小的酒吧都擠滿挑戰完不同滑雪場的旅客，把酒言歡，輕鬆作樂，十分熱鬧。至於小朋友則可以繼續玩，隨處一個小小的雪坡都可以變成天然滑梯，爬上去便可以滑下去，多麼好玩啊！

Stafelwald 滑雪場位於小鎮後方（白色圓圈），步行前往便可以，是專為首次滑雪、初級滑雪客而設的練習場。夏天時，這山坡是超級可愛的土撥鼠的居住地，旅客們都愛來此處親近牠們，請看下方的彩蛋影片。

掃描即可觀看彩蛋影片
「薩爾斐斯的萌萌土撥鼠」

會說中文的薩斯斐滑雪教練

　　整個山谷共有 5 間滑雪學校，以薩斯斐瑞士滑雪學校（SWISS SKI AND SNOWBOARD SCHOOL SAAS-FEE）為例，3 名參加者的私人滑雪教練費用：大約 270 瑞朗（3 小時）／ 225 瑞朗（2 小時）／ 135 瑞朗（1.5 小時），詳細可參考網站。

　　這學校有一位教練一定要推薦，他具備兩項賣點，第一，你想找一位瑞士教練、並且在薩斯山谷土生土長，他就是了！第二才是最大亮點，不要以為你需要跟他說英語或德語，他是懂得中文，而且說得非常流利。目前他是雙板高級滑雪教練，於 2010 年取得瑞士滑雪教練的最高資格，從小孩到大人、從初級到高級都接受邀請任教。

　　這位懂得中文及日文的薩斯斐高級滑雪教練，稱為 FABIAN ZURBRIGGEN，中文姓名為法比安，由於曾經在中國及日本旅居多年，所以能說能寫兩國語言及文字。回歸此鎮後，主力從事旅遊推廣及滑雪教學的工作。他便是我們上一趟採訪的導遊，正因為他是對整個山谷都認識很深的本地人，對我們編寫前作有很大幫助。難得這次有機會敘舊，大家很高興，在飯局上又得悉他當選成為此鎮的議員，真是可喜可賀！

　　現時不少中國滑雪客來到薩斯斐，都會指定他做教練，有興趣者，除了透過學校預約，亦可使用微信直接跟他聯繫。

我們與法比安聚舊。來到薩斯斐，無論冬天或夏天，想學滑雪不妨找他，記得儘早預約。

info box

薩斯斐瑞士滑雪學校：www.skischule-saas-fee.ch
Fabian Zurbriggen 的微信：zurbriggen
其他薩斯斐滑雪學校：www.eskimos.ch、
www.optimumsnowsports.com

4-5
SWITZERLAND

穿上雪鞋深入寂靜無人的冬日樹林
完美的薩斯斐三天旅程 Part4

雪地健行與雪鞋健行的最大差別，我以為前者與夏天在山路上健行沒有太大分別，同樣只需穿著性能較好的登山鞋便可以了；至於後者的魅力，當冬天下雪後，厚厚的白雪覆蓋許多地方，深雪地方變成行人止步；可是一旦穿上雪鞋，情況立即大逆轉；因為雪鞋讓我們步行時身體的重量分散在更大的面積，腳不會輕易陷進去，原本無法行走的深雪地方也會變成可行的雪地。

那麼，可以走的路就更多，可以看到的風景也更多。接下來，我們腳穿雪鞋，深入遠離人群的雪地上，體驗不一樣的冬季森林和高山之美！

❄ 官方地圖的雪鞋健行路線

瑞士雪鞋健行的路線，跟雪橇滑道一樣，沒有劃分級別，但都會在官方地圖上列出相關的路線，並且在每一條路線加上標誌牌子及安全設施。話說過來，夏天的健行路線的牌子是固定地安置，但是冬天的雪地健行、雪鞋健行、雪橇滑道等等冬季雪地活動的標誌牌子，都是在初冬才加上，冬季落幕時，工作人員又會收起牌子。

❄ 租用裝備

如果跳過雪地健行，雪鞋健行肯定是雪地入門運動的最佳選擇，比起雪橇更容易被接受，發生意外的機會相對低。旅客在雪地運動用品店租用一雙雪鞋及一對徒步手杖，花費並不多，一天費用約 20 多瑞朗。

穿上雪鞋，深入寂靜的冬日樹林，
雪地上清晰的足跡，就是我們剛剛
走過的美麗證據。

❶-❷ 首先在雪地用品店租用裝備，職員會調
整雪鞋的綁定系統，以及徒步手杖的長度。
❸ 我們提著雪鞋及徒步手杖前往。
❹ 雪鞋的特寫。越高大腳越大的人，就會使
用到大鞋子。
❺ 在一般平緩地面上穿上雪鞋。

我們所走的路，在夏天是一條熱門的健行路線。途中便遇見一根與樹木連結在一起的健行牌子。一般而言，牌子會掛在視線的水平高度，那麼這裡積雪的厚度有多少厘米呢？我想至少有 1 米之深吧！

租用時，職員會根據你的鞋子大小而調整雪鞋的綁定系統，稍後穿著時便不用自己調整，以及選擇合適長度的徒步手杖。徒步手杖是必備工具，用作保持身體的平衡。選用好，便可以出發。

❄ 傳統與現代化雪鞋

雪鞋的原理，是將人體的重量分散在更大的面積，從而避免在行走的時候完全陷入雪地裡。傳統雪鞋是使用硬木材質，配以生牛皮繃製而成的網，目的是避免行走時雪在鞋上不斷推積。以及，鞋上有一個綁定系統用以固定前腳掌與雪鞋。

凡是採用木材之外的材料，比如輕質金屬、塑料以及化纖材質，一律稱作「現代化雪鞋」。我們租用的就是塑料製的雪鞋，提著它行走十多分鐘不會覺得辛苦。記憶中在這趟旅行中沒有遇上過穿著傳統雪鞋的旅客，反而在日本某些雪山區見過傳統雪橇的體驗團。

❄ 三種現代化雪鞋

現代化雪鞋大致分為三種，有明顯的區分：第一是用於在雪地跑步，體積是三種中最小及最輕的；第二是消閒娛樂之用，就是一般人在雪地上進行普通到中等距離的健行，體積比起前者大一些，不用多說，我們初次體驗就是使用第二種；第三種是登山用途，體積是最大，專為山地爬升與長距離健行之用。

上｜穿好雪鞋，便可在平緩的路面上練習一下。下｜走上小小的雪坡，便開始此趟在樹林中的雪地健行。

如果有機會參加那種具挑戰性的雪鞋健行團，長達數
小時在厚厚的雪地行走、爬坡、下坡，便能充份體會
到雪鞋徒步是一件絕不簡單的事情；當然一切辛苦也
值得，沿途宛如被全世界忽略的絕美景色定必讓你驚
艷不已，留下深深的美好旅行回憶！

❄ 走在官方地圖的雪鞋健行路線

在薩斯斐周邊有幾條雪鞋健行路線，
有些需要先坐上纜車才能開始。

當日我們能安排在雪鞋健行的時間不多，
只好挑選一小段。於是旅遊局導遊帶著我們行
走一條不需要坐纜車、就在鎮上靠近左邊山峰
山腳開始的行程，全程約一小時左右。

這一段雖然沒有出現在官方地圖上，但因為
有對地形及雪況了解的本地人帶著走，所以可以
放心的走一走。沒有導遊的旅客，還是跟著官方
路線行走。僅記雖說穿上雪鞋可以走在很厚的雪
地上，但不代表任何雪地都適合行走的。

❄ 將前腳掌和雪鞋捆在一起

我們提著雪鞋和手杖，走過旅客中心附近
的大橋，前面不遠處是阿爾卑斯快車纜車站，
然後走上一條分支路，一會兒便停下來，是時
候要穿上雪鞋。雪鞋是分為左腳和右腳，稍為
觀察一下可輕易區別。雪鞋在腳尖的位置是採
用杯狀的設計，並使用三至四根織帶綁定，這
樣前腳掌與雪鞋便可緊緊地捆在一起。

基本上，沒有難度便可穿上雪鞋，在平
緩的地形上練習一下，剛穿會有點不習慣，
多走兩步就會適應。接著，眼前便有一個小
小的雪坡，我們從此開始上行！

途中經過繩索攀爬設施。

登上小橋繼續前行。

樹林外面是滑雪場和纜車。

❊ 適合初次體驗者的雪鞋健行

　　導遊介紹這條沒有出現在官方地圖的雪鞋健行路線，果然很適合初次體驗者。它在山坡松林裡，大致上一條直路，中間會有緩緩的提升高度，不過整體上不太需要爬行有坡度的山坡。松林外面見到纜車，我們與纜車平行而行，一路上可以看到小鎮後方的 STAFELWALD 滑雪場及運作中的纜車。

❊ 雪鞋的操作技巧

　　有人說：「只要你會走，你就會使用雪鞋。」在理想情況下，這句話是對的，導遊在開始前便這樣說，提示了幾件雪鞋健行的注意事情。第一，使用雪鞋步行時是要刻意地刻意抬起雪鞋，以避免左右兩腳的雪鞋碰撞，尤其是初次體驗者，使用誇張的大步伐效果最好，還有那些使用更大尺寸或者傳統雪鞋的旅客更加需要抬起雪鞋。第二：不要兩腿分開前進，那樣較容易疲勞。

　　第三較為重要，就是上坡和下坡，一定要配合手杖：上坡時，先用徒步手杖插入雪地以支撐，然後將「雪鞋前部」踢入雪中，以造成一個雪台階。下坡時，同樣先用手杖插入雪地以支撐，然後膝蓋微微彎曲，起到緩衝和保護關節的作用，並用整個雪鞋踏入雪中。

在白雪覆蓋的森林和僻靜的高山中探索，感受其他
旅客沒法看到的景觀。雪鞋健行就是能夠滿足那些
不滑雪，或者不喜歡擁擠的滑雪山坡、而想用慢慢
的步伐去親近冬日瑞士的旅客們。

❄ 完全僻靜的松林深雪區

夏天時候，這條松林之路就是一段輕鬆易行的健行路線，途中經過滿佈白雪的繩索攀爬設施和幾座小木橋；根據地圖，中間應該還有草地雪橇滑道，我們卻看不到，大概是被厚厚的白雪完全覆蓋了。至於沿路的雪況，全程都有足夠的積雪，粗略估計至少有 1 米或更厚，所以說不穿雪鞋的話，根本無法行走其中。

一路上，不見其他人的跡影，只有我們在這片彷如童話世界般的純潔幽靜的松林裡前行，望著外面熱鬧人多的滑雪情況，形成強烈對比的兩個世界。每一步都刻意的抬起雪鞋，如果我是旁觀者一定覺得這真是太誇張的動作；事實上真的需要這麼刻意，我偶然偷懶一下，便造成雪鞋相撞、幾乎倒下來 .....

成功克服斜坡，最後就是非常平坦的雪路了。

❄ 下坡路就是最大挑戰

這樣一面刻意抬起雪鞋、一面寫意輕鬆地穿過松林，不知不覺走到最後的下坡路，上坡容易下坡卻難的道理我們早已明白。這是一個陡斜的山坡，可說是「最大的挑戰」，從腦海馬上重溫導遊教導過下坡技巧的畫面，先用兩根手杖用力插入雪地，我確認手杖已能穩固地支撐著整個身體，才膝蓋微微彎曲（當下發現如果不彎曲膝蓋便很會站不穩），然後逐一把雪鞋踏入雪中，一步一步小心翼翼慢慢踏下來。

我因為可以體驗如何克服下坡路而感到高興，也真正意識到如果長時間穿著雪鞋行走、爬坡、下坡，所需要的技巧和體力也不是一件簡單事情。最後我想像著將來我自己身處在更高更僻靜的地方、挑戰著更多上坡及下坡的雪鞋健行路線。

下坡是最大挑戰，一步一步小心翼翼慢慢踏下來！

4-6 SWITZERLAND
體驗非凡的冬季飛越峽谷冒險
完美的薩斯斐三天旅程 Part5

故事開始，先跳到第一個令我們驚嚇得無法說出話來、巴不得馬上轉身逃走的關鍵時刻。

此時，我們跟隨持有 IFMGA 認證的山地導遊抵達峽谷山崖邊處，只見沒路能繼續走，正要開口問他，他已經笑著說：「現在我們終於可以開始這趟峽谷冒險之旅，第一項要做的，或稱之為挑戰的，就是你們用纜索飛過峽谷去到對面的山崖，然後沿著山壁上的金屬梯子爬下去……」

❄ 滿臉夾雜著驚恐與不可思議

我們兩個嚇一跳的對望，根本無法形容當時彼此臉上到底夾雜了多少驚恐、多少不可思議的反應，只是環視整個峽谷和眺望下一刻要飛往的山崖邊處，完全不敢置信我們竟然真的要依照他剛才那番話去做！

❄ 沒有看過示範便獨自飛越峽谷

因為只有一位導遊，他需要留在原地負責拉動纜索把我們送到另一邊，第二個驚嚇的時刻就是在沒有看過任何示範、只能憑空想像整個使用纜索飛行的過程，我們便要硬著頭皮、鼓起無比勇氣飛越峽谷！

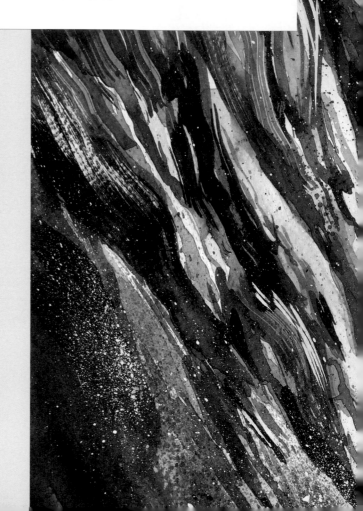

鐵索攀岩，我列為「令你畢生難忘的 3 大好玩刺激的瑞士體驗」
之一。
參加者的要求沒有特別列明，在薩斯斐的鐵索攀岩，年紀最輕
的參加者只有 6 歲、年紀最高的則有 88 歲。我想，除了膽識，
至少還要擁有這兩項條件：不畏高與身手敏捷。

即使在冬季，旅客也可以在峽谷展開特別的飛行體驗，欣賞壯麗的自然美景。

上及中｜連接兩個鉤環的吊帶及安全帽。下｜吊帶是纏在腰部及腳上。

令你畢生難忘的 3 大好玩刺激的瑞士體驗

我們把雙人飛行傘（PARAGLIDING）、冰川健行（GLACIER HIKING）與鐵索攀岩（VIA FERRATA），列為「令你畢生難忘的 3 大好玩刺激的瑞士體驗」，前兩項在上一趟瑞士夏天之旅已完成，前者是一年四季都可以，後者主要在夏天進行。至於鐵索攀岩，全年均可進行。雙人飛行傘主要靠飛行員的操作，其餘兩項則完全由參加者自己去克服每一關，充滿挑戰性。

話說，鐵索攀岩對於亞洲旅客較為陌生，其實在義大利、德國、法國、西班牙等都很流行。我們第一次知道這體驗，就在少女峰地區健行時，發現一條在艾格峰周邊的鐵索攀岩路線；當時並沒有體驗，但後來在搜集相關資料期間，便漸漸被這種能看見獨特風景的特殊攀爬活動吸引了。

❊ 鐵索攀岩的起源及設計

「VIA FERRATA」是義大利文，「鐵之路」的意思，事緣於第一次世界大戰，義大利軍在陡峭崖壁上開闢道路以運送物資，後被改良成攀岩者的冒險運動。現代鐵索攀岩的技術和裝備發展得很精良，安全度又高，主要使用鐵造的裝備，如 U 型扶手、橫檔和豬尾鉤等等鑽入岩石定位，另外又使用纜索、橋樑及梯子，總言之就是在山壁表面上打造出一條「鐵道」。

❊ 峽谷冒險旅程的重點之最

鐵索攀岩的常見路線設計，就是山壁上透過一條「鐵道」沿著山壁攀爬到該處的山頂，然後下行回去結束。至於這趟我們在薩斯斐的鐵索攀岩，有別於這樣常見的設計，挑戰的地方是在村口巴士總站附近的阿爾平峽谷，參加者穿過此峽谷不只是集中在其中一邊山壁攀爬，最大的亮點就是透過纜索來回飛往兩邊山壁幾次，在兩邊山壁亦有機會攀爬。而且，「飛行」亦有三種不同形式，其中一種更是測試你是否身手不凡！所以，「攀爬＋飛越峽谷峭壁」才是此趟峽谷冒險旅程的重點之最。

上｜我們沿著山壁小路往下移，對面是另一邊山壁。稍後我們使用索纜來回飛越兩邊的山壁。
左｜上面是夏天的健行牌子，約四十分鐘可穿過峽谷去到薩斯格隆德。下面是雪鞋健行牌子，深入山峽谷的樹林中便是深雪區，必須穿上雪鞋。

「不畏高」是此活動的條件之一，冒險者沿著陡峭的岩壁穿越阿爾平峽谷。

❄ 始於 1989 年

阿爾平峽谷連貫薩斯斐與薩斯格隆德兩鎮，而這處的鐵索攀岩，也是由兩鎮的一批高山導遊共同設計及建設的，第一階段完成於 1998 年，1999 年便開放給旅客體驗，第二階段在 2002 年完成，每次建設耗時六個月。目前，每年大約有三至四千名參加者。

❄ 在具專業資格的導遊帶領下才能開始

打算體驗鐵索攀岩的旅客，一定要參加相關的團，在具專業資格的導遊帶領下才能開始。SAAS-FEE GUIDES 是當地主要的旅遊公司，提供多種冬天與夏天不同的山區活動，雪鞋健行團、冰川健行團、鐵索攀岩團等等包羅萬象。

我們參加的是「GORGE ALPINE VIA FERRATA」，每名參加者的冬季費用為 85 瑞朗，需要事前預約。費用包含導遊、裝備及回程的交通。全程約三小時。

❄ 年紀最輕的參加者只有 6 歲

參加者的要求方面，官方資料只寫著：「EASY TOUR」和「NO SPECIAL FITNESS REQUIREMENTS」，年齡也沒有特別要求。原來這刺激活動，很多父母會帶著孩子一起玩，或是成為學校課外活動的一種，只要有恰當衣著和完善配備，不少年紀大概小五、小六生也來挑戰。至於阿爾平峽谷的鐵索攀岩，導遊說年紀最輕的只有 6 歲和最高的則有 88 歲，我想大概他們都是瑞士人吧！

❄ 不畏高與身手敏捷

參加者要求雖然沒有列明，我想除了膽識，至少擁有這兩項：不畏高與身手敏捷。服裝方面，因為這是一場攀爬活動，運動服裝、抓力好的登山鞋及手套是必備的；記得不要穿牛仔褲，絕不方便攀爬。

前往途中，遇見接近三百年歷史的小教堂。

我們踏在沒有人走過的雪路上，四周異常寂靜，
仿如深入峽谷的神祕角落冒險。

紅色方格就是我們的
第一個飛行起點。

在岩壁上使用金屬梯子進行移動，都是此冒險
的基本環節。

❄ 導遊的資格

　　導遊是 IFMGA 認證的山地導遊，IFMGA 全名為 INTERNATIONAL FEDERATION OF MOUNTAIN GUIDES ASSOCIATION，是國際性資格。當天我們導遊是位六十多歲的 DOMINIK，土生土長、經驗超豐富的導遊。據規定，每名導遊最多帶領六人進行活動。這天，只有我們兩個跟隨 DOMINIK 出發。

❄ 攀岩的裝備

　　早上八點左右，我們在村口巴士總站集合，跟 DOMINIK 打招呼後，他便替我們穿上吊帶及頭盔。吊帶是纏在臀部及腳上，連繫著一條有兩個鈎環的繩子。巴士總站後面便是峽谷，我們繞到峽谷的小路上前行。無論夏季還是冬季，這段路在官方地圖有被列為健行路線，旅客都可以穿越山谷去到薩斯格隆德，相反方向亦可。

❄ 深入藏於峽谷神秘角落去冒險的濃濃感覺

　　嚴冬下，整個峽谷的山路、樹木、山壁等等都被厚厚的白雪覆蓋，有別於在旅程常常看到廣闊的群峰景色。這段路約廿多分鐘，中途還遇上一座羅馬式的天主教小教堂，建於 1747 年，算是當地歷史很久遠的建築物，有些當地人也會選擇此座別有一番味道的教堂舉行結婚儀式。

　　踏在沒有人走過的雪路上，沿著山壁小路逐漸下移，四周異常寂靜，有一種正在深入藏於峽谷神秘角落去冒險的濃濃感覺。不久，我們橫過一座小橋，抵達對面山壁的山崖邊便停下來，鐵索攀岩才正式開始，一幕一幕驚險的深刻場面也輪流上映！

❄ 使用鉤環是確保安全的關鍵

　　我們站在山崖邊，聽著 DOMINIK 講解如何使用 D 型鉤環（D SHAPED CARABINEERS），這是最重要的部分，可說是負擔著我們的生命。從頭到尾，我們都是依靠這兩個鉤環確保安全，一路上無論在山壁攀爬或是飛越峽谷，這兩個鉤環都會掛在鋼繩上。第二，當需要改變鉤環的位置時，千萬不可同時間把兩個鉤環從鋼線上移走，其中一個鉤環一定要掛在鋼線上。

　　然後，我們學習打開鉤環閘門，掛在繩上；又打開鉤環閘門，從繩上移走。如此來回練習多次，直至能很順暢地完成才開始。

info box

鉤環，用作來連接繩索、器材、固定點，負擔攀登者的生命重量。每次使用時都要檢查：

❶ 鉤環的表面應該沒有裂隙、銳角、腐蝕及特別磨損的情形。

❷ 鉤環的閘門開合應該很順暢。

❸ 閘門連接的部分不應該有彎曲或鬆動。

最後一關，在半空懸吊落下
至地面，高度約 80 米。

運用岩壁的 U 型鐵環，
進行水平方向的移動。

使用索纜從一邊岩壁飛到另一邊。

使用金屬梯子往下移動。

❋ 整個冒險旅程的六種關卡

穿過峽谷的整個冒險之旅，「攀爬＋飛行」就是重點之最，包含以下幾種關卡：

❶ 使用索纜，以水平方向從一邊岩壁飛到另一邊。

❷ 使用索纜，從較高點向下飛進山洞裡。

❸ 在陡峭的岩壁，使用金屬梯子或 U 型鐵環，進行向上、向下以及水平方向的移動。

❹ 橫過幾座吊橋，這是最簡單的。

❺ 最考驗你非凡身手的一關就在後半段，使用索纜把整個人盪去另一邊岬角……體驗者到底如何能順利的盪到另一邊站穩起來？後文詳說。

❻ 走過長長的天梯，在半空懸吊落下至地面，高度約 80 米。

再強調一下，整個過程，即使是行走在吊索橋上，參加者都是使用身上那兩個鉤環以確保安全。

我們站在岩壁岬角上，稍微探頭望向下方，並不是深不見底或無底深潭的那種嚇人場面，DOMINIK 說估計至少約 70 米高。他又說，每一位導遊都具有山地救援的最高級訓練，萬一發生緊急情況，直升機亦能飛行到此展開救援工作。

從較高點向下飛進山洞裡。

❄ 征服內心的恐懼

　　這時候，晨光溫柔地灑進峽谷深處裡，只見原本湍急的河流與飛瀉中的瀑布早已被冰封靜止，宛如一個時間不會流走的、瞠瞠的世外桃源；我想能夠置身在如此奇美的大自然舞台上挑戰一下，真的是可遇不可求的難得機會。告訴自己，已經沒有退路；告訴自己，只有征服內心的恐懼是唯一方法！

❄ 滑輪裝置吊著我移離平台

　　我們兩個逐一地飛行，身上的兩個鉤環掛在索纜上的滑輪裝置，索纜是連接兩邊的山壁，滑輪裝置吊著參加者去到另一邊。首先，我在岬角邊緣的小平台坐下來，滑輪裝置慢慢的吊著我移離平台，當完全被吊在半空，DOMINIK 就用力拉動索纜把我運送過去……

　　那一瞬間，恐懼全消，腦袋空白，我只是盡情地、興奮地大叫「呀～呀～ 呀～」。

　　飛行速度不算十分快速，但肯定稱不上是慢速：不會有空欣賞景色，視線只會集中在前方，只因幾秒之間，對面的岩壁已經臨近，事前沒有考慮過如何著地，電光火石之間更不會有機會……結果雙腳一著地，卻毫無難度就安全降落！

　　我從滑輪裝置移除鉤環，DOMINIK 收回滑輪裝置，接著又再運送。DOMINIK 並沒有飛過來，而是繞路再加入，我們獨自在山壁上的 U 型環和金屬梯子爬行下去。同樣地，在 U 型環和金屬梯子旁邊有一條鋼線，移動時便要把鉤環掛上。一隻手抓緊梯子或其他東西，另一隻手開關鉤環，重點是「不要急」。

左｜Jackman 使用索纜飛行中。
右｜以及在金屬梯子向下爬行中。

❄ 考驗你非凡身手的一關

　　接下來我們就在兩邊山壁或是平行或是向下的移動，又或是飛行。

　　直至後半段，我們進入最考驗非凡身手的一關。同樣是要飛行，但不是使用滑輪裝置，而是把整個人快速地搖擺到另一邊岬角去，最關鍵的是當擺到對面的那一刻，我要看準那極短暫的時機、極快地抓住山壁上的繩網，這樣才能停下來不會搖擺回去。

❶ 這環節的步驟圖片取自手機影片，所以畫質有點不太好，拍攝者當然是 Erica，當時她已經被搖擺又順利抵達另一邊，她可謂膽大過人！
橙色帽子是 Jackman，另一位是 Dominik，這時候是最後準備。仔細觀看這圖片，我無法在那陡斜的山壁上找到自已曾經攀爬過的路線，完全無法置信！

❷ Jackman 被放下去，在半空停頓時已變成背向目的
地，也無法看到要抓住的那個繩網，大件事！

❸ 來不及叫暫停，Jackman 已被快速搖擺出去⋯⋯

❹ 飛到崖邊之際，
Jackman 及時看到
繩網⋯⋯

❺ 一髮千鈞，用力一抓！

❻ 至於 Dominik 如何與我們會合呢？

有人錯失抓往繩網嗎？當搖擺回去，導遊是拉動裝置再搖擺第二次呢？有沒有人嘗試多次都失敗呢？這都是事後想知道的問題，可惜無法得知。這一刻我們只專注在「抓住繩網」這一件事上。

❄ 十級驚恐級別

幸好我們兩個還算是眼明手快之人，同樣都是一次挑戰便成功。可是回想起來，有一個非常驚嚇的時刻，那就是當我被吊著和移離小平台的時候，之前的飛行都是馬上便開始，但這次卻是在半空停頓半刻才開始；就在停頓的那幾秒之間，我原本是面向目的地，並可以看住那繩網的，可是吊住我的繩竟然突然轉動了，一下子變

成我的背部面向目的地，而我完全看不到那繩網，冷汗打從心裡瞬間湧出來，如何能夠抓住那看不到的繩呢？非常驚恐，絕對是達到「十級驚恐」！

❄ 死命也不放手

我馬上大叫「STOP」，但為時已晚，整個人已被搖擺飛出去，立刻比「十級驚恐」更可怕……也許隨著快速搖擺過去，我朝向的方向也稍微改變，繩網竟出現在眼角的餘光中！事情發生得迅雷不及掩耳，下一秒我已經被送到，不容看準去抓哪一條繩，只管用力去抓、抓到絕不可放手，就這樣我一抓便抓到其中一條繩，死命也不放手！

滑輪裝置
我們是依靠滑輪裝置飛行的，這裝置是 Dominik 帶在身上的；每次飛行完，他會把裝置放進背包，到下一個飛行點又會使用。
多次飛行中，當我們飛到另一邊後，Dominik 有時候會緊接飛過來，有時候則走吊橋繞過來會合。至於使用搖擺方法送到對面的這一關，Dominik 是怎樣與我們會合，事後我們竟然無法想起。不過我估計他不太可能自行搖擺飛過來吧？

❄ 從高點飛進大洞

來到最後兩關，就是在較高點使用滑輪往下飛進山洞中。經歷多趟飛行後，我們已完全習慣，可以用享受和放鬆心情去迎接最後一回的飛行，張開雙手，盡情地歡呼的大叫！

大洞穴的空間也很大，我們三人逐一沿著長長的梯子爬行上去，上面是一片平緩之地，其中一棵樹掛有一個金屬小箱子，內有一本紀錄本，讓參加者寫上感受。翻一翻，便知道過往的參加者來自世界各地，不少人甚至留下只會在「劫後餘生」才會流露的心底話。

我們當下的感受是：發明及安裝這路線和裝置的人太天才了！！也太瘋狂了！我的心臟快負荷不了，不過玩過一次之後就覺得刺激驚險之餘，其實還蠻有安全感的，SO FUN！

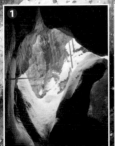
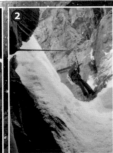

❶ - ❷ 飛進大洞穴的過程。
❸ 從洞中爬出來。
❹ 在紀錄本記下這一刻的感受。

❄ 壓軸的一關

放置紀錄本的轉角處，便是壓軸的挑戰大舞台。在這個山崖邊緣有一條「特別」的索橋，運用索纜吊著，在半空中一直延伸出去。因為山崖的斜坡上長滿一排排的高樹，阻礙視線，因而無法看到這道索橋盡頭是怎樣的？

Dominik 一邊在準備，一邊微笑地說著：「我們不知不覺來到最後一關。峽谷出口，當我們穿過眼前這排樹木便可看到。等一陣子，當我們抵達下面的平緩之地，再走一段小路便能去到薩斯格隆德鎮了。」

問題是，既然不是飛行下去，那到底要怎麼降落到下方的平緩之地？

❄ 由多條梯子組成的索橋

最後一關，由 Dominik 打頭陣帶領我們行走這道「特別」的索橋。「特別」的索橋，其實它是長金屬梯子以水平形式躺放著，然後多道梯子穩固地連接在一起，組成一道極長的梯子，由索纜吊住。

❶ 走過索橋，同樣是要使用鉤環掛在索纜上，以確保安全。❷ - ❸ Dominik 打頭陣先行，在索橋盡頭上準備。

索橋由多道金屬梯子穩固地連接在一起，我們抓著兩旁的索纜和使用鉤環，一步一步跨過腳底下的橫杆。

❄ 踏在梯子的橫杆上行走

參加者就是踏在梯子的橫杆上行走，橫杆之間的空隙比較大；我不其然聯想起那種在懸崖伸出去的透明玻璃底部的觀景台，不過這裡卻不是完全懸空的。雖然踏空不會跌下去，但也要打起十二分精神，運用身上的兩個鉤環逐步逐步的前進。

❄ 索橋的盡頭在峽谷的中央

這樣慢慢在梯子橫杆上前行，把鉤環閘門打開又關上、關上又打開。步出樹木群便見到峽谷出口的真面目和吊橋的盡頭。觸目所見，是一個開闊的峽谷空間，吊著索橋的那幾根粗粗的索纜從起行點連接到遠處的山壁岩石上，而索橋竟然不是完整的，索橋的盡頭只伸展到峽谷的中央。

半段索橋的盡頭設有一個小平台，導遊在那處幫忙參加者掛上懸吊裝置。索橋盡頭與小平台有一個向下的出口，終極的一關是，參加者從這出口被懸吊下去到雪地上。

Erica 被懸吊放下去，
高度差距有 80 米之高。

這時候，Erica 已經順利完成整個行程，就在地面上向上拍攝，只見 Jackman（左）走向 Dominik（右），準備沿著長長的繩子懸吊下來。

從此圖，估計垂直高度有 80 米，真的跑不了！

❄ 滿是自信又小心翼翼的心情

　　如此一來，壓軸的整個過程我們便了解，想一想如果一開始便遇上這一關，大概也會心驚膽跳，如今我們可以帶著滿是自信又小心翼翼的心情，邊走邊欣賞腳底下的峽谷雪地風光，邁向終極一關。

　　索橋盡頭，DOMINIK 替我掛上懸吊的裝置後，我便緩緩的降落下去。我非常享受及投入這個毫無難度的落下過程，隨著下移眼前的峽谷風光也在變動，想起兩個多小時前的巴不得馬上放棄的驚慌心情，真是天壤之別！

　　SAAS-FEE GUIDES 的工作人員，在小鎮上與我們會合，駕車送我們回去薩斯斐。途中，DOMINIK 用手機展示夏天鐵索攀岩的圖片，並說路線會更長、更多不同的關卡，我這樣專注的聽著，默默在腦海記著這件事啊！

❶ Jackman 抵達不久，Dominik 也緊隨著下來。❷ 終於可以解除身上的吊帶，一身輕！❸ 輕鬆散步去到小鎮，完滿結束冒險之旅。

掃描即可觀看彩蛋影片
「飛越峽谷的鐵掌攀岩」

info box

網站：www.saasfeeguides.com

4-7
SWITZERLAND

住在高級青年旅舍享受一流峽谷景觀的水療服務
完美的薩斯斐三天旅程 Part6

薩斯斐的青年旅舍稱為 WELLNESS HOSTEL 4000，會用上「WELLNESS」這個字，便知道此旅館是與水療有關。一般青年旅舍的位置較少座落在城市或小鎮的便利位置，薩斯斐青年旅舍卻出奇地就在村口附近，當 511 號郵政巴士載你來到村口，下車不到一分鐘便可輕鬆拉著行李走入旅舍大廳。

灰色外觀的四層高建築，望一望便找到，而且落成數年，整座還很新穎，裡面的設施及裝潢以創新傳統的現代建築而聞名，令人彷彿置身於高級酒店之內。我們在早上時段入內參觀，走進大廳便見到廣闊的自助早餐區，人來人往熱熱鬧鬧地正在用餐，食物種類看起來相當豐富。

旅舍住客豈只是受到青年人的歡迎，不少帶著小孩的家庭或是長者亦見其中。此旅舍除了提供價錢實惠的數人共有房間外，還有雙人、三人及家庭等等的獨立房間，所以對於不打算入住價錢較貴的傳統旅館的旅客，這裡算是不錯的另一個好選擇。

左｜旅舍大廳的自助早餐區。右｜水療及泳池的更衣區。

靜靜地安坐在木桶型按摩浴缸，充
分享受泡澡的舒適和愉悅。

沒有任何牽掛在此休息半天

水療中心及青年旅舍建在峽谷一邊山崖處，善用如此優越的地理條件，所以桑拿房、休息區等等都是設有一大片玻璃，讓人們充分欣賞窗外一年四季轉移的山景。

默默凝視覆蓋白雪的峽谷美景，極度寧靜，不變的畫面彷彿讓時間在這一瞬間停止，能在這裡沒有牽掛地休息半天，真是太美妙的體驗啊！

上｜休息區。中｜公共空間，可通往不同桑拿房、按摩淋浴。下｜峽谷陽台是唯一半戶外空間，零下溫度的極寒冷環境與室內完全不一樣的感受。

此外，旅舍還有一個很大的賣點，是我們最想分享的，也是建議行程最後的好去處，就是它設有一流景觀的 SPA 水療設施。說得準確一點，阿拉林 SPA 水療中心（AQUA-ALLALIN）本身是小鎮的公共水療中心，而與旅舍共有一些空間，基本上兩者是獨立運作。不過，住客亦可享用此設施，至於公眾人士當然亦可使用，來到大廳櫃位付款，便可入內使用。

水療中心同樣才建好數年，設施都是新穎及現代化，多種桑拿房、按摩浴缸、蒸汽浴室、多個按摩淋浴、足浴、室內游泳池、室內兒童水上滑梯、健身房等等都一應俱全。

❄ 享受著美麗的峽谷風光

雖然沒有大型戶外的溫泉池，最值得推薦的是旅客在以上各種桑拿房與按摩浴缸等等地方都可以享受著美麗的峽谷風光，尤其是正值冬天，窗外是一大片如水墨畫的灰白色調的峽谷畫面，白天在雪山上玩過刺激好玩而累極的雪地活動後，這處絕對是休憩放鬆、補充能量的絕好地方！

最後是溫馨提示，瑞士人習慣男女一起泡浴桑拿，所以這處是「男女混浴桑拿區」，而且不可穿泳衣的。桑拿區及游泳池的共用票價為 30 多瑞朗，借用毛巾等等需要另外收費。

左｜室內游泳池，鏡頭以外還有兒童水上滑梯。
右｜水療區的告示，說明此區內不可穿著泳衣。

info box

Wellness Hostel 4000：
www.youthhostel.ch/aqua-allalin

CHAPTER

5

BERN

伯 恩

5-1 SWITZERLAND 與熊共舞的泉水古城
慢遊美麗熊之都第一天　Part 1

　　被評定為世界文化遺產的伯恩古城，是我們離開瓦萊州的下一個地方，也是旅程的最後一站。幾年前偶然在舊城區短暫逗留數小時，對於伯恩時鐘塔與多座噴泉雕像有著特別深刻的印象，一直懷念著此座中世紀古城。這一回終於有足夠的時間深入認識、細細品味。

　　伯恩（BERN）位於瑞士的心臟地帶，是此國第四大的城市，是一個很容易前往的城市，比如從蘇黎世機場坐上 IC 火車只需 1 小時 10 分鐘，又或是往瓦萊州的布里格，同樣只需 1 小時 10 分鐘。

❄ 兩天的伯恩深度旅程

　　一般旅行團只會安排半天在舊城區走一走便結束，頂多住上一個晚上，實際上放慢腳步來一趟深度遊覽的話，至少預留兩天才有豐富的收穫。本章規劃是這樣的，《慢遊美麗熊之都 PART 1 及 PART 2》是安排在第一天，其餘不同主題的特色博物館及坐纜車登上 GURTEN，是集中在第二天。

伯恩的文化古蹟十分有分量,老城區是聯合國教科文組織核定的世界遺產,以噴泉、拱廊、時鐘塔樓及大教堂著稱。

❀ 河流環繞著老城組成迷人的風光

伯恩舊城正好座落在瑞士最長的阿勒河（RIVER AARE）的天然彎曲處，平靜的河水從三面環繞老城而過，形成了一個半島。河流環繞著老城組成的迷人風光，世界聞名，又稱為「阿勒環」（AARE LOOP）。因為是丘陵及河谷組成的地形，人們可以從高處觀看、又可以在岸邊觀賞到，感受截然不同。在舊城外圍山坡上的玫瑰花園（THE ROSE GARDEN），就是欣賞「阿勒環」的理想地方之一。

❀ 獵熊公爵與熊城

問起瑞士的首都在哪裡？有些人未能說出「伯恩」。事實上從 1848 年瑞士聯邦政府成立以來，伯恩一直是此國的政治和文化中心。

BERN，這個名字是來自德語的「熊」意思。12 世紀時，扎靈根公爵是當時的統治者，「獵熊公爵」是後人給他的一個外號；話說他要在此地興建要塞，並決定要把第一隻打獵打到的動物作為此城的名字；幸好他打到了熊，如果打到雞鴨鵝之類的話，名字氣勢就差很遠了。

因此走在熊城的大街小巷，雕塑、建築物、招牌、商品廣告等等，可愛的、趣怪的……各式各樣熊的形象處處可見。其間我們參與了一個捐款活動，是支持當地興建兒童院，而捐款禮物就是一隻小熊公仔。這可愛熊公仔放在家中，天天陪伴我們。

1353 年的伯恩古城
此乃昔日地圖（官方提供），一看便知道伯恩古城牆從西邊望向東邊，一層一層擴建出去。
1 第一道城牆（1191 年）
2 第二道城牆（1256 年）
3 第三道城牆（1345 年）

最早期的伯恩城範圍

左｜伯恩州的州徽，以熊為主角。
右上｜捐款活動的禮物是小熊公仔。
右下｜熊公園的可愛造形熊雕塑。

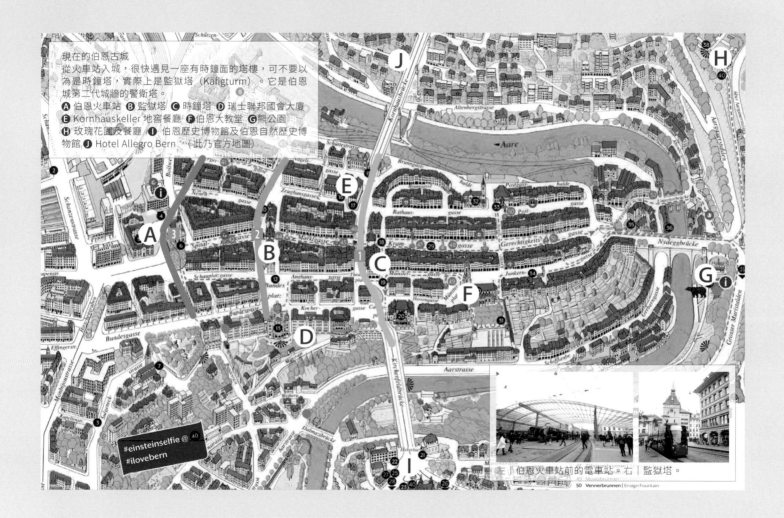

現在的伯恩古城
從火車站入城，很快遇見一座有時鐘面的塔樓，可不要以
為是時鐘塔，實際上是監獄塔（Käfigturm）。它是伯恩
城第二代城牆的警衛塔。
Ⓐ 伯恩火車站 Ⓑ 監獄塔 Ⓒ 時鐘塔 Ⓓ 瑞士聯邦國會大廈
Ⓔ Kornhauskeller 地窖餐廳 Ⓕ 伯恩大教堂 Ⓖ 熊公園
Ⓗ 玫瑰花園及餐廳 Ⓘ 伯恩歷史博物館及伯恩自然歷史博
物館 Ⓙ Hotel Allegro Bern （此乃官方地圖）

#einsteinselfie @ 40
#ilovebern

左｜伯恩火車站前的電車站。右｜監獄塔。

49 Moserbrunnen
50 Vennerbrunnen｜Ensign Fountain

每座建築物地下幾乎都有地牢，並改裝成各種商鋪，很想逐一下去看看挖寶。

著名景點都聚集在老城區裡

伯恩火車站算是位於新、舊城區的交界，新城區在西岸，舊城區在東岸。古城區在兩次世界大戰沒有被戰火波及，現今面貌大致是 1405 年大火重建後的樣貌。著名的景點聚集在老城區裡，所以一步出火車站，手拿一份觀光地圖，便可展開旅程。

❄ 幾條大路貫通古城

老城區的路大致上分為幾條主要道路，由西至東有三條主要大道，西邊盡頭有一座 NYDEGGBRUCKE 大橋，那邊也是進城的主要入口，有一座尖塔稱為 NYDEGGKIRCHE，前身是最早期的城堡。

市場街（MARKTGASSE）與雜貨街（KRAMGASSE）之間是重要交滙點，時鐘塔（ZYTGLOGGE）就在那兒，同時間又可向南及北走，各有一道大橋。全靠雙腳走遍城內的景點不會感到辛苦，如果是住宿當地酒店的旅客，可免費獲得 BERN TICKET，城內外的公共交通都可免費搭乘，坐電車遊古城區那就更省時間。

❄ 六公里長的拱廊商店街

舊城的街道熙來攘往，電車每一、兩分鐘便經過，你會發現建築物地下幾乎都有地牢，並被改裝成地底的商舖，而此城最出名的是一條長 6 公里的拱廊就在雜貨街（KRAMGASSE），是歐洲最長的有屋頂的購物拱廊之一。

這條典雅的雜貨街，從中世紀以來便是伯恩的主要街道之一，現在只開放行人散步與地面電車通行，其他車輛不能進入。街道兩側建築統一建構成巴洛克式立面，連綿的騎樓即使下雨天旅人也不擔心淋成落湯雞。據說當時伯恩三面環河，因此市區發展受限；隨著居民不斷增加，人民就在路旁走道上加蓋，一家接一家的蓋，最後就形成這條六公里長的拱廊。

古城以六公里長的拱廊商店街而聞名，由西邊入口伸展至東邊盡頭，部分建築更建構成巴洛克式立面（中及右），目不暇給。

時鐘塔前後這段雜貨商店街就是古城最主要購物區域，許多歐洲精品、瑞士鐘錶、百年巧克力商店、超市等都找得到。穿梭在拱廊購物街，下雨逛街也不怕，走起來讓我想起義大利波隆納，同樣以拱廊聞名。

中世紀天文鐘塔　陪伴城市 800 年

伯恩時鐘塔（BERN'S CLOCK TOWER，德語為 ZYTGLOGGE）是老城區中最具代表性的建築之一，也是整個瑞士歷史最悠久的機械鐘，見證變遷，數不盡的市民從古至今依靠它的報時生活。

伯恩城堡的第一代城門建於 1191 年，時鐘塔只是一座矮胖的城門守衛塔，高度只有 16 米；後來又充當過女子監獄，主要關押「神父的妓女」，因與神職人員發生性關係而被定罪的婦女。隨著城市擴建，原有的城門及城牆折掉，塔樓卻依在。塔樓不斷增建，後又因為大火才改變成為真正的時鐘塔；斜屋頂也是後來才加上，天文鐘盤直至 1405 年才安裝上。今日見到的鐘塔模樣是 1771 年完成的。

此塔主要有東邊及西邊立面，兩邊斜屋頂下的一層均有一個巨大的時鐘面。西邊立面的巨大時鐘面下才是眾人焦點，因為還有面積較小的天文時鐘盤（ASTRONOMICAL CLOCK），與旁邊有自動裝置的人偶組合，均是巴洛克時期的作品。天文鐘上方的彩繪楣帶是顯示五位遠古時代的神明。

❄ 人偶組合自動裝置的表演

每逢整點前 4 分鐘，噹噹聲響起，人偶組合自動裝置便開始表演，總會吸引大批旅客駐足欣賞。先介紹坐在金色王座的是掌管時間的古希臘神，稱為柯羅諾斯（CHRONOS），右手轉動沙漏，左手緊握權杖，去指示塔頂的小金人敲響鈴鐘。再往下望，只見多隻小熊愉快地環繞著祂跳舞，柯羅諾斯頭頂則有一位紅衣小丑用雙手輪流敲響小搖鈴。不要錯過左邊還有一隻獅子，擺頭去控制敲鐘；右邊則有公雞，每小時還會叫啼三次。塔下的觀眾總是看得目不暇給。

❶ 人偶組合自動裝置的表演，總會吸引大批旅客駐足欣賞。（官方圖片）　❷ 天文鐘盤及人偶組合自動裝置。（官方圖片）　❸ 到訪時，鐘塔正進行維修。　❹ 我們從側門進入，登上鐘塔內部。

數百年來，伯恩時鐘塔見證變遷，無數市民依靠它的報時而生活。鐘塔的底盤是最早期的城門守衛塔，其上面就是數百年以來一直增建的部分。
此圖是最吸引的西邊立面，每逢整點前四分鐘，許多人會聚在前方，期待著觀賞人偶自助裝置的歡樂表演。

音樂奏起，歡樂表演開始了！

1 古希臘神，右手轉動沙漏，左手緊握權杖。
2 小熊們愉快地環繞著牠跳舞。
3 紅衣小丑敲響小搖鈴。
4 金色獅子，擺頭去控制敲鐘。
5 金色公雞，每小時叫啼三次。
6 塔頂的小金人同時間也敲響鈴鐘。

❈ 沿著螺旋形樓梯登上天文鐘的發條裝置室

　　頂樓還有一個敲鐘，鐘樓名為 ZYTGLOGGE，德文意思是塔頂小金人敲響的鈴鐘。可惜，到訪其間，鐘樓正進行維修工程，大部分外觀都被包著，無法一看其外觀。但我們仍可參加時鐘塔導覽團（每天下午兩點三十分均有一團，費用 15 瑞朗，需要在旅遊局網頁預約）。我們在外面聽完天文鐘的導覽，便走進裡面，沿著螺旋形樓梯登上天文鐘的發條裝置室。

❈ 近距離觀看到小熊們

　　在外面欣賞到生動的人偶劇表演，都是由裝置室的機械系統運作，其中我們竟看到在時間之神下面的那幾隻小熊，因為牠們是繞著跳舞，從室內繞到外面，又繞回到室內，所以牠們是整組人偶中，唯一可讓參觀者在室內近距離觀看到；只見牠們用兩腿走動或用四腳爬行，手持樂器或戴著皇冠，好不可愛啊！在外面觀看以星盤形式建造的天文時鐘，結構十分複雜，看得我們一頭霧水。幸好有導遊的解釋，再加上在此機械室內，掛有天文鐘小模型用作說明。導遊移動一些時針及星盤，來說明如何透過時針、分針以及輪圈的轉動，人們從而得知年份、月份、星期、日期、日出日落的時間、甚至太陽、月亮和星座的相對位置等等。聽著聽著，我便覺得能構思出天文鐘的人真是天才，但願自己日後能認識更多這領域的知識。

我們在塔內可以近距離看到小熊們，手工精緻，表情十足，都是在外面無法看到的。

中世紀的時鐘發條裝置，彷彿一件結構複雜又富有系統性的藝術作品，散發著永恆的光芒。聽著有力的滴答聲，一下接一下，就像提醒我什麼重要的事情正等著去完成，或是在重溫人生幾個有笑有淚的深刻畫面一樣！

左圖中｜時鐘發條裝置的特寫。　｜導覽員說明發條裝置如何運作。

室內有一個天文鐘模型，基本上跟天文鐘本尊一樣，導遊利用它來說明天文鐘如何運作，以下是一些主要功能：

1 黃道帶（12 個星座圖案）
2 顯示星期
3 時針
4 顯示 24 小時的時間
5 顯示月份及日期
6 顯示 12 小時的時間

另外還可以顯示日出日落時間，以及一支顯示月亮在哪個階段的月亮指針等等。

❄ 風雨不改，
天天為時鐘上鏈的人

　　導遊又說，機械時鐘每天都需要上鏈，這裡有一位鐘樓工程人員，也是與鐘樓最關係密切的人。他名叫 MARKUS MARTI，已擔任鐘樓修理人 40 年，職責是每天風雨不改地為鐘樓上鏈及進行檢查，一天當值兩小時。上鏈後，齒輪就能控制雞啼和轉動小熊等等，重達 149 公斤鐘擺（本圖的擺動中的球體）也能擺動。而且每逢夏天和冬天，鐘擺的長度都會改變，氣溫上升，鐘擺會變長，時間走慢；天氣變冷，鐘擺便會縮短，MARKUS 都需要調整長度好讓全年 365 日的長度都一致。

伯恩時鐘塔西邊立面與扎靈根噴泉，這是一座凶猛的熊士兵雕像，嘴巴被罩起。

一座座噴泉一個個故事

大街中間一座座色彩鮮豔的噴水池，旅人的目光無法不被吸引。城內擁有超過一百座的噴泉，伯恩亦有「噴泉之都」的暱稱。噴泉是早期居民使用的供水設施，現在噴泉水依然能生飲，本地人也好、旅客也好都會飲用，不過它們也多了街景裝飾的美化功能，其中有 11 座文藝復興風格的噴泉特別有名。

這 11 座建於 16 世紀的噴泉各有造型不同，上頭的雕刻代表了 16 世紀的伯恩傳說與民間故事，比如有代表伯恩的熊騎士噴泉、有取自聖經故事的摩西、撐開獅口的大力的「參孫噴泉」、穿著開口笑鞋子的「吹風笛者噴泉」、手裡持天秤與劍的「正義女神噴泉」……它們都位於主要大街上，大概 100—200 米就有一座，有人乾脆稱它們是「世界上最有魅力的交通障礙物」。

時鐘塔西邊立面的前方，便有扎靈根噴泉，1535 年建造，是伯恩創始者扎靈根家族的貝爾希特爾特 5 世紀念碑，熊士兵手舉扎靈根家族旗幟，罩起來的嘴巴代表熊天生兇性，若欺負必加倍奉還，腳下有隻撒嬌的小熊，表示生生不息。

夏天是飲用噴泉的最好時機，冬天時有不少噴泉口流出來的水都結冰了。

❄ 吞食一個裸體小孩的泉水雕像

有些東西之能夠「出名」，就是因為它能嚇人、使人一看就感到不舒服，所以老城中最有名的噴泉，莫過於時鐘塔附近的食童噴泉（Kindlifresserbrunnen）；它建於 1546 年，走近一看只見長相猙獰的食人魔張開大嘴正吞食一個裸體的小孩，一旁的袋子裡還有更多小孩等著被吃掉，他們滿臉驚恐的大叫爹娘。

為何要在大街上擺上一座恐怖噴泉？眾說紛紜，有人說這關於希臘神話人物克洛諾斯的食子故事，克洛諾斯是誰呢？他就是宙斯的老爸。也有人說為了嚇小孩，用此嚇人噴泉警告「如果不乖，就會被他吃掉」；另一說法是曾有小孩掉進附近壕溝，於是故意製造恐懼，避免小孩靠近……總而言之，它已經成為旅客們必定拍照和打卡的噴泉雕像！

食人魔吞食一個又一個小孩！

最知名的食童噴泉。

左｜正義女神噴泉。右｜吹風笛者噴泉。

瑞士國會大廈建於 1902 年，屬於文藝復興風格，最近一次大規模維修在 2008 年，煥然一新。旅客可參加免費導覽團入內參觀。

瑞士聯邦國會大樓

　　伯恩，既是首府，自然也有國會大樓，但它卻「與眾不同」，因為其前方的廣場一到夏天週末假日就變成市集，販售各種鮮花新鮮蔬果與名產，熱熱鬧鬧，如此重要建築物竟然這麼親民，真是罕見！

　　瑞士的聯邦議會採用兩院制，由同等權力的聯邦院和國民院組成。這座國會大廈是政府主要部門與議會的所在地，兩院和政府官員工作和開會的地方。伯恩市有「政府官員之都」的別號，據說約三成的居民是從事與政府有關的工作。

國會大廈聳立在古城區內，和火車站距離不遠，在監獄塔往右走便可抵達。建於 1902 年的它，屬於文藝復興風格，是建築師 H. AUER 的作品。建造過程涉及了 173 個瑞士企業和 33 位瑞士藝術家。95% 的建築石材取自瑞士本土，種類繁多的建築材料象徵瑞士的多元化。

❄ 彩色玻璃穹頂下的國會會議廳

最高點的翠綠色圓頂高達 64 米，圓頂下是聯邦院和國民院兩個會議廳，一盞由 214 個燈泡組成的大吊燈映襯著色彩繽紛玻璃穹頂；左右兩邊則是聯邦各部門等等。

❄ 公眾的免費導賞團

一年會舉行四次國會會議，人們可以在公眾席觀看。至於國會休會期間的日子，每天都有幾場免費導賞團，需要到入口處取票或預約，跟著導覽員才能進入，參觀時間約 50 分鐘。我們來到大廳的時候，只見有一團導覽團正在進入，時間許可的話，真想馬上報名參加。

❄ 聯邦制度的國家

瑞士是聯邦制度的國家，也是世界上少數實行委員制的國家，擁有一個兩院制的聯邦國會，由國會兩院選出的瑞士聯邦委員會負責施政。此外，國會也會從委員會成員中選出象徵性的聯邦總統。國會兩院，由同等權力的聯邦院和國民院組成。聯邦院由 46 名議員組成，議員是按邦州的比例分配；國民院由 200 名議員組成，選舉方式是名單比例代表制。

❄ 直接民主

此外，瑞士也實行直接民主制度，國民能夠透過公民投票複決國會法案，稱為公民複決（REFERENDUM），或是進行新法案的倡議；平均每年有幾場這樣的公投。執筆之時，2018 年 6 月瑞士針對新賭博法等便進行全民投票。

❶ 200 席位的國民院會議廳，座落於大樓的南方，即是面向阿勒河。
❷ 46 席位的聯邦院會議廳，座落於大樓的北方，即是面向國會廣場。
❸ 色彩繽紛玻璃穹頂。　❹ 正進入國會大樓的導覽團。

官方圖片

❄ 可俯視古城外圍景色的大露台

國會大樓的後面是開放的，可以自由進出參觀，我們散步繞到迷人的大露台上，俯視阿勒河穿過伯恩古城外圍的景色，視野非常的棒。夏天時，還會見到不少人在河上游水與玩著各種水上活動，好不熱鬧。

❄ 多功能的國會廣場

說回熙來攘往的國會廣場，十分有趣。夏天時，廣場上的噴泉會以不斷變化的強度與節奏進行表演，入夜之後更精采，26 道高高噴起的水柱襯著打上燈光的國會大樓，總會吸引不少人們圍觀。不說不知，26 個噴水孔代表著瑞士 26 個州府。

❄ 11 月第四個星期一的洋蔥節

如果 11 月底來到此城，那就別錯過洋蔥節（ZIBELEMÄRIT），數百個攤位在國會廣場上舉行洋蔥市場，販售用洋蔥蛋塔做成的別緻裝飾、洋蔥塔、蔬果與手工藝品，是伯恩最出名的特色市集，其他餐廳和商店也會掛上大大小小的洋蔥來裝飾，應景一番。

洋蔥節的由來，是以前的法律規定只有伯恩州的農民才能在城內賣農產品，但 15 世紀時伯恩發生一場大火，其他州的農民特別趕來幫助救火，不然整座城都被燒毀。為了感謝其他地方的農民，特別開放 11 月第四個禮拜的星期一讓他們也在城內賣蔬果，時至今日成為著名的洋蔥市集。

官方圖片

官方圖片

到大露台上可俯視阿勒河穿過伯恩古城外圍的景色。

上｜晚間，廣場上的噴泉表演。中及下｜每年 11 月舉行的洋蔥節，在廣場上有熱鬧的洋蔥市集。（官方圖片）

登上高處去看散發中世紀風采的伯恩全景

5-2 SWITZERLAND

慢遊美麗熊之都第一天　Part 2

緊接上一篇，我們繼續在古城區尋尋覓覓，除了經典熱門的景點及餐廳外，就是一心一意走往那幾個公認能欣賞到城市全景的好地方。

A. 欣賞全景的好地方：伯恩大教堂

古城區最顯眼的地標無疑是 101 米高的伯恩大教堂（BERNER MUNSTER）。哥德式教堂初建於 1421 年，直至 1596 年才告一段落，那時的外觀與今日所見的當然有很大的差異。一直到 1893 年，樓高 101 米的尖塔完工後，整座工程才終於劃上句號。這座華麗與宏偉建築是瑞士最大的教堂，主要使用砂岩築建，長 84.2 米，寬 33.68 米。

❄ 擁有 234 尊雕像的巨型雕塑

正立面大門上方為《最後的審判》的巨型雕塑，為改教後唯一保留下來的雕塑。雕塑上面有 234 尊大大小小的雕像，左右兩邊的天堂與地獄形成明顯對照，用真實又詼諧的手法刻劃出最後審判時不同人物的心情及表情，栩栩如生。我們在大門前停留許久，細味箇中的意思。

教堂正門的《最後的審判》，右頁是特寫。
16 世紀宗教改革後，伯恩大教堂改屬新教歸正會，1528 年清除了聖像，以及豪華裝飾受到嚴重的破壞，《最後的審判》是唯一可保留下來的。

左｜第一層觀景台為 46 米高。右｜觀景台的牆身滿佈精緻的人物雕像。

❄ 俯瞰遼闊的伯恩全景

以教堂來說，伯恩尖塔是全瑞士最高的，在城內外任何一角落及方向都可以見到這座高高在上的鐘樓：一柱擎天之勢，大大加持城市風景，推上另一可觀的層次。鐘樓是開放給公眾，腳力好的旅客都愛爬上這 344 級台階，登上兩個高度的觀景台去俯瞰遼闊的伯恩全景。

《最後的審判》

雕刻栩栩如生的《最後的審判》，見者無不動容。中間金光閃閃的是天使
長米迦勒（白色長方格），用天秤論斷罪人該上天堂或下地獄，左邊的一
群人滿臉幸福，即將進入天堂之門，聖彼得在門口迎接；右邊的人表情痛
苦扭曲，正在接受地獄的各種酷刑！

樓高 101 米的教堂尖塔是全瑞士最高的，共有兩個高度的觀景台，
分別是 46 米及 64 米高，一步一步登上，去看綿延的拱廊以及一望
無際的紅褐色磚瓦屋頂吧！
1 監獄塔（後方是火車站） **2** 時鐘塔
3 瑞士聯邦國會大廈
4 南邊大橋，可往伯恩歷史博物館等等
5 北邊大橋 **6** Hotel Allegro Bern

東邊大拱橋是進城的另一主要入口，不少旅行團在那邊
停車開始入城。人們走過時，可俯瞰河谷景致。這一區
是古城的發源地，有財有勢的人住在比較高處的地方，
平民百姓則住在較低的河邊，偶爾遭受水患的侵襲。

B. 欣賞全景的好地方：熊公園

　　我們沿著雜貨街走，一時走在大路上去欣賞多座特色噴泉雕像，一時又穿進拱廊或走入地庫中的各式各樣商店去掘寶，來來回回之間便已來到東邊大拱橋。橋上可以俯瞰阿勒河畔的城市美景，細望河谷與兩側建築，據說是整個伯恩古城最早發展起來的區域，早年越靠近河邊房子的居民越窮，有錢人是住在河谷上方，以避淹水之苦。

❄ 懶洋洋棕熊在山坡上散步

　　過橋後便來到熊公園，既然「熊」是此城的象徵，公園裡真的住上了好幾隻貨真價實的棕熊。夏天期間，這裡十分熱鬧，擠滿興高采烈的遊客。我們到訪時，牠們當然早已冬眠，只好看著空空的公園和圖片介紹，想像著在山坡上散步的幾隻懶洋洋棕熊的情景。

官方圖片

夏天，棕熊在公園裡愉快地走來走去和游水。

C. 欣賞全景的好地方：玫瑰花園

　　舊城區與蜿蜒的阿勒河組成的世界有名景致，在哪兒看到？沒看到熊兒們沒關係，爬上熊公園後方的小丘上的玫瑰花園吧！夏天時，花園會綻放過百種的玫瑰及花卉，十分可觀；秋冬時當然沒有看到玫瑰，有點驚喜的是春天山坡上竟是開滿櫻花。

　　此花園位於地勢比較高的地方，擁有遼闊視野，因而成為遠望整個古城的最佳觀賞點，許多明信片都在這裡拍攝，大概沒有其他地方勝過這裡。一望無際的紅褐色磚瓦屋頂與綿延的數公里拱廊，舊城與阿勒河的天然彎曲處完美的組合，大飽眼福！

愛因斯坦雕像，看起來是中年版本，帶點動漫風格，旅客很愛跟他合照。這座是在玫瑰花園，後方就是伯恩古城。還有兩個一模一樣的雕像，分別在熊公園及伯恩歷史博物館。

❄ 無法抗拒的美好理由

公園裡只有一家餐廳，這玫瑰花園餐廳擁有絕佳地理位置，自然超熱門。心中最理想的做法，我會安排自己步伐「剛好」在肚子餓了的中午時候抵達，如此一來便有一個無法抗拒在餐廳坐下來的美好理由。

伯恩瀰漫濃厚古典氣息，歷史悠久的教堂、百年塔樓、櫛比鄰次的紅房子……通通有著無可取代的歲月之美。以美景佐餐，坐在室內或戶外也好，總而言之，讓自己輕鬆自在的盡情飽覽動人景色！

左及中｜夏天的玫瑰花園及餐廳。（官方圖片）

右｜我們在餐廳足足坐留了一個多小時，慢慢品嚐，慢慢地欣賞景色。

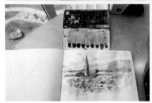

上左｜ Hotel Aiiegro Bern 是一座大型四星級酒店，內有多間餐廳。
上右｜ 我們的房間，20-24 平方米面積，重點是窗外是古城景色。
下左｜ 擁有大窗，自然要畫上一幅古城寫生畫。
下右｜ 從酒店開始步行，大約 10 分鐘可走過大橋抵達古城區。坐電車來往酒店與古城也很方便，只是數個車站而已。

D. 欣賞全景的好地方：在南北兩橋上欣賞全景

古城還有兩座人車共用的大橋，往南往北各有一條，各走相反方向，南邊大橋可去到幾座知名博物館，在下一篇有介紹；北邊大橋，可去到我們入住的酒店。想多角度地欣賞古城全貌，可從伯恩時鐘塔的那個十字路口，任選一邊開始散步，大約十多分鐘便可走到南邊或北邊大橋中央，回頭一看便可欣賞古城與河畔全景。兩邊大橋的風景不一樣，北邊以瑞士聯邦國會大樓為主，但同樣見到高高的大教堂尖塔在勾引著我們的視線。

❄ 以面向古城景色為賣點的酒店

我們因為住在北邊大橋彼岸的酒店，無論在房間或走在大橋上，都有很多機會看到北邊的古城景色。HOTEL ALLEGRO BERN 是一座四星級大型酒店，樓高六層，房間數量多，內有多間不同國家菜式的餐廳以及賭場。

❋ 最喜歡在大橋上慢慢走

我們的房間稱為 PANORAMA DOUBLE ROOM WITH VIEW，
擁有一大片朝向古城方向的玻璃窗，滿足我們由早到晚隨時欣賞美
景。而且，酒店前亦有電車站，十分方便。一旦遇上大風下雪的時候，
我們便選擇坐電車進入古城，電車班次每十分鐘便有一班，數個車站
而已，十分方便。

不過，自己最喜歡還是在大橋上慢慢的走，無限制的、隨著自己
心情去欣賞沿途的美麗風光。

入口處是一道長長的階級，走進地窖餐廳的一刻，
馬上驚喜的吐出：「嘩，太美了！」和地面有很大
的反差感，眼睛絕對有一亮的感覺！

上層兩旁是酒吧區，下層
為餐廳區。餐廳盡頭擺放
了超級巨大的葡萄酒木
桶，其底部面向客人。

info box

伯恩大教堂：www.bernermuenster.ch
玫瑰花園餐廳：www.rosengarten.be
Hotel Allegro Bern：www.kursaal-bern.ch
Kornhauskeller 地窖餐廳：www.bindella.ch

晚餐就在 300 百年地窖餐廳

最後要介紹一家很有氣氛的 300 年地窖餐廳，很適合在夜幕低垂之時去用餐，而且地點很便利，就在食童噴泉旁邊的老建築地窖。可知道這家餐廳大有來頭，五層高的巴洛克式建築物建於 1718 年，採用砂岩建成；後來被市政府用作為大型穀倉，地窖存放著一桶一桶的葡萄酒。1998 年，地窖被一家義大利餐廳集團收購，成為別具特色的歷史餐廳，現今也成了當地人舉辦大型宴會、慶典的場所。

❋ 華麗的歌劇院的美麗錯覺

在地面只見一個像夜店的入口，掛著 KORNHAUSKELLER 招牌，KORN 為英文的 CORN，HAUS 為英文的 HOUSE，KELLER 為地下室。沿著階梯走下去，意外驚喜地發現地窖的空間竟然如此寬敞，高度有三層之高；仔細一看挑高的拱型天花板，豐富的繽紛壁畫保存良好，且掛著水晶燈，有一種置身於華麗歌劇院的美麗錯覺。餐廳分為兩部分，上層兩旁是酒吧，這時只是七點多，客人不多，當我們離開時酒吧區變得十分熱鬧。下層就是餐廳區，每張桌都有微醺的蠟燭燈光，充滿著浪漫的氛圍。餐廳以地中海菜肴為主，每一道都有各自吸引力，真令人難以選擇。進食時，偶然發現餐廳盡頭竟然存放了巨型大鼓，是會有打鼓表演嗎？一問之下，才知道那個是超級巨大的葡萄酒木桶，是昔日保留下來的！

五層高的三百年歷史的砂岩建築物，地窖是著名餐廳。

挑高的拱型天花板、繽紛多彩的壁畫，且高掛著水晶燈。桌子上都點著蠟燭，使得這裡的一切都充滿著浪漫的氛圍。

5-3
SWITZERLAND
與藝術大師、科學偉人來場平行時空的邂逅
慢遊美麗熊之都第二天

也許伯恩是首都的關係，所以特別注重文化藝術的推動，因此打開地圖便見到伯恩的博物館真的是五花八門、各有各的精采，包括伯恩歷史博物館、伯恩自然歷史博物館、保羅克利博物館、瑞士高山博物館和通訊博物館等等。如果持有 SWISS TRAVEL PASS 更可隨意出入參觀，無需每次排隊購票，十分方便。

❄ 挑選最精華部分

我們規劃伯恩深度之旅的第二天，以參觀伯恩歷史博物館、伯恩自然歷史博物館、保羅克利博物館及登上古爾登山（GURTEN）為主。說實在，這幾座博物館的收藏量很豐富、可觀性又高，遠超預想，因此一天要欣賞完的話，不得不挑選最精華的部分。

❄ 收藏最多保羅克利作品的博物館

表現派主義著名畫家保羅克利（PAUL KLEE），是

德裔的瑞士畫家，出生於伯恩市附近的小鎮。世界上收藏最多保羅克利作品的博物館，如今設在伯恩市近郊，我們搭上 12 號巴士前往，總站就在博物館外圍。

此館珍藏了 4000 餘幅的大師作品，畢生之作的百分之四十；展館每半年以不同主題精選出 120 至 150 幅作品；如此一來，算一算，大約需要 13 年才能將全部作品展出一次。博物館於 2005 年開放，大概大師的全部作品至少都已公開展出一次。我想不少大師的鐵粉會每半年來一趟，一幅作品都不會錯過。

博物館內有其他主題的展館、音樂廳、兒童博物館及創作室等等；另外值得一提，博物館的設計十分非凡，由義大利建築師倫左皮亞諾（RENZO PIANO）負責，彷彿一座綠島，由金屬及玻璃組成的三座山丘型的建築，一見難忘！

保羅克利 (1879-1940 年)
是 20 世紀最具有影響力的藝術家之一，不僅擅於繪畫，同時兼具音樂家身分，作品含有豐富的音樂性，筆下童稚的藝術表現形式獨具一格；作品又常表達一股無限遼闊或深邃的空間，像沒有界限的風景一樣，讓人想像無限。知名的作品包括 Fish Magic(魚的魔術)、Zitronen 和 Viaducts Break Ranks 等。

左｜保羅克利居住瑞士期間的圖片。（翻拍館內的圖片）
中｜展館一角。　　右｜博物館的大堂。

收藏大師作品最合適的地方

這座稱為「保羅克利博物館」，除了因為是世界上收藏最多保羅克利作品的地方，我想也許還有一個原因。看著這三座山丘型博物館上一條又一條的波浪線條，讓我想起其作品中，都充滿節奏性的多樣化線條，真是收藏大師最合適的地方。

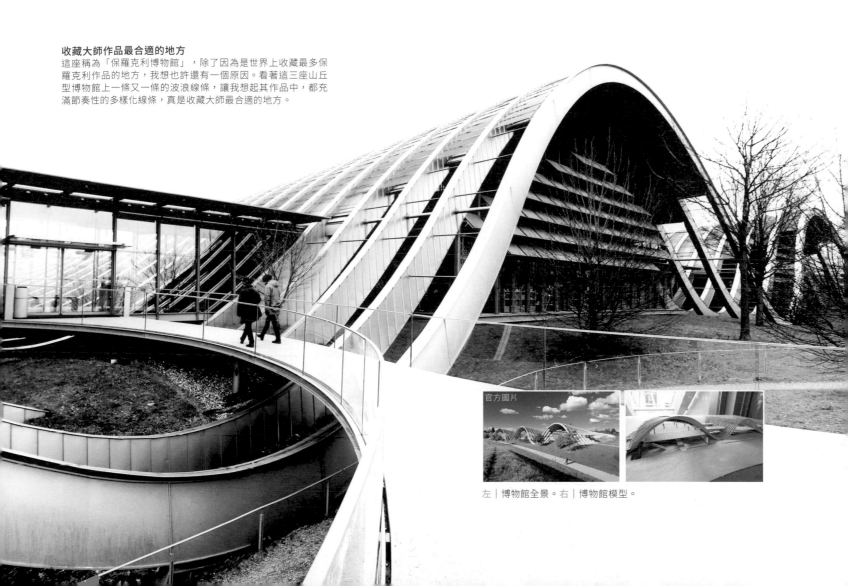

官方圖片

左｜博物館全景。右｜博物館模型。

絕大部分旅客都是慕「Barry」（巴利）的盛名而來，這頭聖伯納救難犬生前曾救過四十多人，離世後被製成標本供人瞻仰。

瑞士國犬：聖伯納犬

伯恩自然歷史博物館，把參觀者帶往非洲、亞洲、阿拉斯加以及瑞士的大自然世界裡探訪兩百多種動物，上天下海涉獵甚廣。展館的重點之最，也是最受旅客歡迎的，就是聖伯納犬展廳，展品中有1814年離世的聖伯納犬巴利（BARRY），牠的遺體被製成了標本存放此館裡。展廳中，旅客可透過互動多媒體裝置、影片、老照片及展品等，去認識聖伯納犬、高山生活等等。（詳細內容另見於第八章）

❄ 220種的精采動物模型

右頁的大圖是在瑞士高山上很常見的土撥鼠，這幾隻土撥鼠模型，一臉可愛樣子，太逼真了，跟我們真實見到的，外觀上完全找不到有何分別！原打算看完聖伯納犬展廳就去下一個地方，結果被展館內仿真度極高的二百多種動物模型吸引住，我想不少旅客也會有同樣的經驗，結果再用上一個多小時繼續欣賞。

聖伯納犬展廳的互動多媒體裝置，大人小孩也看得十分投入！

❶ 巴利的頭骨。 ❷ 巴利的文字記錄真跡。 ❸ 聖伯納犬的老照片。

❶ 體型巨大的動物模型。❷ 蝸牛身體結構模型，真是大開眼界！❸ 高山上的羚羊。❹ 提供大量動物的工作紙及漫畫，讓小孩子閱讀及帶回家。❺ 逼真度如此高的模型如何製作？展館亦有詳細說明，每一件模型真是費盡心思、每一件都是藝術作品！

左｜愛因斯坦的陀錶（懷錶）｜望著它，讓我想起相對論。中｜這個時代雜誌的愛因斯坦封面，真是經典。右｜展廳一角。

在博物館遇見愛因斯坦

伯恩歷史博物館、伯恩自然歷史博物館與瑞士阿爾卑斯博物館聚在一塊，可坐巴士或從時鐘塔走南邊大橋，十多分鐘可到。一棟像極古堡的建築物就是目的地，門口兩邊有兩隻棕熊雕塑在守衛著，花園裡當然亦有座愛因斯坦雕像等著你。

伯恩歷史博物館是瑞士第二大同類型博物館，裡面展出的內容包羅萬象，從遠古的埃及文化，到中世紀的武器盔甲、宗教聖器等等，都有數量龐大的收藏與解說。毫無疑問，愛因斯坦展廳是眾所矚目，也是我們此行的目的，單是此展廳，認真地觀看，兩小時也不足夠。

此廳以他生命中的不同時期作區分，從 1879 年他在德國出生、蘇黎世聯邦理工大學的求學階段、伯恩的黃金時期、在柏林受到納粹的壓迫，一直到在美國普林斯頓大學的任教與終老，自然也對極為重要的相對論（THEORY OF RELATIVITY）作出詳盡介紹。

愛氏的生活及工作軼事亦有豐富的介紹，陳列數百件原裝生平物件與複製品，和播放數十套生活短片。我對這位偉大科學家很感興趣，直到閉館時間才不得不離開，然後在紀念品店見到一本介紹其生平的書本，可觀性很高，我二話不說付款、心滿意足地帶回家慢慢細閱，彌補在展覽錯過的東西！

上｜彷如小城堡的博物館，於 19 世紀末建成。
下｜博物館花園中的愛因斯坦雕像。

❄ 古城中的愛因斯坦故居及餐廳

愛氏在 1903-5 年居住於古城內的雜貨街 49 號，就在時鐘塔附近，有一個美麗的說法推測《相對論》便是在那幾坪大的空間裡誕生的。如今一樓被改建為咖啡館，二樓故居開放給人參觀。

左｜位於二樓的愛因斯坦故居（官方圖片）。右｜餐廳正門。

瑞士阿爾卑斯博物館：陳列瑞士最受歡迎的多座高山模型與訴說一個個瑞士地圖的有趣故事，是喜好登山和地圖的遊客的寶庫。

登上鄰近伯恩的小山欣賞阿爾卑斯山脈美景

古爾登山（GURTEN）很靠近古城區，坐9號電車只需十多分鐘，然後便可換乘登山纜車，所以深受那些不打算離開城市又想登山的本地人，或是帶著年幼小孩子而不方便作遠距離旅行的父母的喜歡；作為住宿在城裡的旅客，此地亦很吸引人，因為這兩程交通，持有 BERN TICKET 都是免費。

伯恩不像瓦萊州小鎮擁有雄偉的 3000 多米高的雪峰，但亦有一座 864 米高的古爾登山，雖然高度上完全無法比得上，但也擁有好景觀，一邊可看到伯恩全景，另一邊才是重點，艾格峰、僧侶峰和少女峰在內的阿爾卑斯山美景在遙遠天邊呈現眼前。

山上的設施以家庭樂為主，有面積大的兒童遊樂區、小火車、燒烤區、觀景塔和平緩步道等等；冬天時如果雪量充足，亦有輕鬆易玩程度的雪橇滑道。

登山當天是陰天多霧，偶然下雪，預計在山上應該看不到任何景色，但我們依然上山。山上的旅客果然稀少，但我們很享受看著沒有任何景物的濃霧景致，四處散步，樂在其中。然後自在地吃著在超市買來的燒雞腿，就是當日午餐。二到三度的低溫下，我們在長椅上依靠著、一口接一口地吃，配著啤酒，真是蠻有風味。就這樣，伯恩深度旅程寫上句號，我們拉著行李離開。

古爾登山上，可遠眺到這一排阿爾卑斯山美景，哪一座是少女峰？（官方圖片）

官方圖片

伯恩古城

官方圖片

官方圖片

官方圖片

info box

保羅克利博物館：www.zpk.org
伯恩自然歷史博物館：www.nmbe.ch
伯恩歷史博物館：www.bhm.ch
愛因斯坦故居及餐廳：www.einstein-bern.ch
古爾登山：www.gurtenpark.ch

① 雪量充足的古爾登山，一批父母們帶著小孩玩著各類雪地活動，歡樂聲此起彼落。 ② 山上有幾條易行的步道，都不多於一小時。 ③ 寒冬下，我們在山上吃著不太熱的燻雞腿和喝啤酒，啤酒即使沒有冷藏，但每一口都感受到非常冰凍，真是可遇不可求的特別體驗啊！ ④ 山頂的高級酒店及餐廳，外觀典雅 ⑤ 山腳的纜車站。 ⑥ 夏天時候，纜車正在爬行上來，後方是伯恩城。

CHAPTER

6

—— ALETSCH AREMA ——

阿萊奇地區

6-1
SWITZERLAND
三個環保山中小鎮組成阿萊奇地區
阿萊奇地區　Aletsch Arema

　　阿萊奇地區（ALETSCH AREMA），顧名思義，「觀看阿萊奇冰川」是重點中的重點。瑞士遍佈許多冰川，何以阿萊奇冰川（ALETSCH GLACIER）如此大名鼎鼎？只因它是歐洲最大、最長的冰川，全長23公里，面積超過120平方公里。

　　很多旅客，包括我們，第一次接觸到「阿萊奇冰川」這個名字，大概是登上世界有名的少女峰觀景台（JUNGFRAUJOCH），可以遠眺到寬大的阿萊奇冰川初段景色，其源頭主要來自少女峰及周邊一帶。

　　人們常掛在口邊的「少女峰被列為世界遺產」，準確地說，由少女峰開始至阿萊奇冰川以及周邊幾道冰川，以超凡脫俗的美景而聞名於世，在 2001 年被列為世界自然遺產，定名為「世界遺產瑞士阿爾卑斯山：少女峰 - 阿萊奇地區」（UNESCO Swiss Alps Jungfrau-Aletsch World Heritage Site）。

　　正因為阿萊冰川流經範圍甚廣，不難推測，觀景台豈止少女峰觀景台這一個呢！如果以完整欣賞歐洲最大冰川為大前題，少女峰觀景台是「上半場」，阿萊奇地區無疑是不可錯過的「下半場」。我們的「上半場」是發生在第一回瑞士之旅，有幸遇上不俗的天氣，在觀景台能夠清楚觀看到阿萊奇冰川初段的景色。當時極目遠望冰川的大轉彎，然後消失在山谷轉角處⋯⋯心裡默默記掛著終有一天我們會去到那邊的山區，換個位置看個究竟！

1 少女峰觀景台。
2 當時我們遠目眺望看到的阿萊奇冰川初段景色。本頁插畫是阿萊奇地區的觀景台觀看到冰川的大轉彎景色，右邊是冰川源頭方向，左邊是尾段。
3 馬特洪峰。
4 少女峰觀景台。

阿萊奇地區的三大觀景台

　　阿萊奇地區擁有三大觀景台，分別是艾基斯峰觀景台（Eggishorn）、貝特曼峰觀景台（Bettmerhorn）及莫斯福律觀景台（Moosfluh），以觀賞到中段及後段的冰川景色為主，其中艾基斯峰觀景台，更可以一覽冰河大轉彎的美麗弧度，甚至可看到少女峰與艾格峰之間的源頭位置，冰川尾段方向則可見到馬特洪峰。

　　順道一說，「完整觀看阿萊奇冰川」還有深度體驗版本，就是真正踏在冰川上展開的冰川健行，因為深入人跡罕至的冰川上，看到的景色絕對獨特；不過此活動適合體力良好、愛挑戰的旅客參加，而且一定要跟隨專業高山導遊出發。另一重點是冰川健行只會在夏天進行，因為冬天積雪十分深，走在冰川上比較有難度。

冬季期間，阿萊奇地區有許多雪類活動，單純
賞景的話，三座主要山城分別有纜車可以登高
至三大觀景台，去看開闊而美麗的冰川。

三個環保山中小鎮組成阿萊奇地區

　　阿萊奇地區，基本上由費斯阿爾卑（FIESCHERALP，2212 米）、貝特默阿爾卑（BETTMERALP，1950 米）和利德阿爾卑（RIEDERALP，1925 米）這三個小鎮組合而成；她們的位置都在半山腰上、而且都是禁行車輛的環保小山城，無論是旅人或是當地人，都必須在山腳搭乘纜車登上去。

　　小鎮之間設有山路互通，每個小鎮各有自己的第二段纜車，接載人們登上最高處的觀景台，那就是前面介紹的艾基斯峰觀景台、貝特曼峰觀景台及莫斯福律觀景台。

阿萊奇地區的標誌，上面圖案就是冰川及兩旁的群山。最下方的就是三個山中小鎮或山峰的名字。

❄ 三個山腳的火車站

　　首先，往費斯阿爾卑，是在費斯（FIESCH）站下車，一出火車站是可以遠望到纜車，沿路也有纜車站的指標。基本下車的旅客都是走向纜車站，經過小村、橫過小橋便抵達，步行時間約 10 分鐘。

　　第二，貝特默阿爾卑，是在貝騰（BETTEN）站下車，火車站是與纜車站連結。火車站大樓裡有電梯樓梯可以往上，直接接駁到搭乘纜車的地方，最為方便。

　　第三，利德阿爾卑，下車地方是莫瑞（MÖREL）站，同樣步出火車站即會看到纜車站的指標，步行時間約 2 分鐘。

---

❶-❷ 我們是帶著行李在布里格火車站上車出發的。月台不是火車站內的，而是火車站外面的月台，前往策馬特也在這裡。
❸-❹ 布里格開出的火車，載我們在貝騰站下車，火車站是與纜車站連結，纜車站售票處在火車站大樓的三樓。

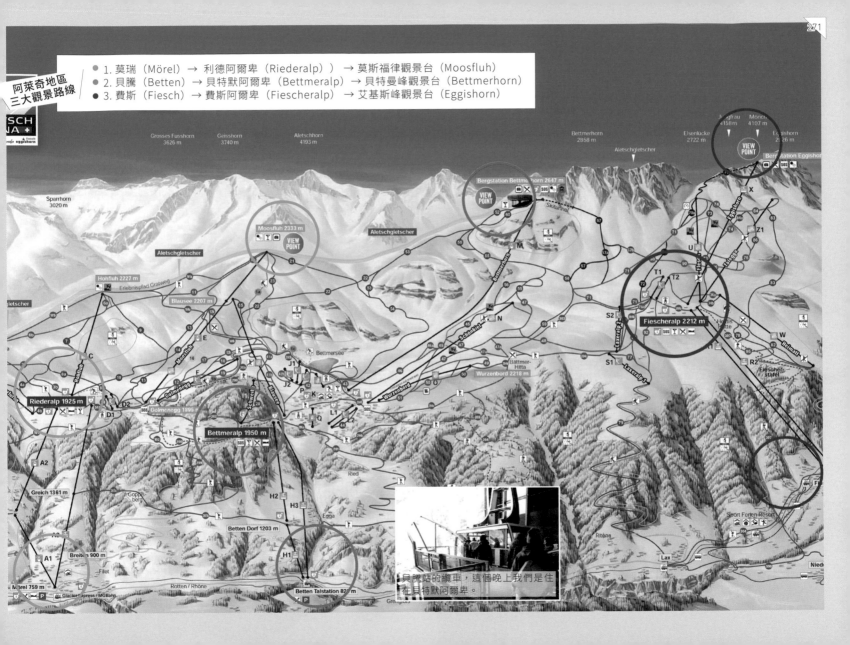

阿萊奇地區
三大觀景路線

● 1. 莫瑞（Mörel）→ 利德阿爾卑（Riederalp）→ 莫斯福律觀景台（Moosfluh）
● 2. 貝騰（Betten）→ 貝特默阿爾卑（Bettmeralp）→ 貝特曼峰觀景台（Bettmerhorn）
● 3. 費斯（Fiesch）→ 費斯阿爾卑（Fiescheralp）→ 艾基斯峰觀景台（Eggishorn）

貝騰站的纜車，這個晚上我們是住在貝特默阿爾卑。

步出費斯火車站，剛好停雪了。走在小鎮大街上，看著尖尖的教堂與一排排依山而建的小房子，濃霧飄移，遠處群山若隱若現，有一種世外桃源的風情。

❋ 從布里格出發

從布里格出發的話，旅客是在火車站外面的月台上車，依次序到達的車站是莫瑞、貝騰及費許，車程分別是約 17 分鐘、24 分鐘及 39 分鐘，都不多於一小時，可見布里格真是一個好據點，尤其是方便不在三個山腰小鎮上住宿的旅客。

❋ 以艾基斯峰觀景台為規劃軸心

對於只上山看景色的日歸旅客，一天要跑盡三個觀景台，應該很趕，看完景色便要馬上去下一站，而事實上因為同一區，也不需要走遍全部。所以，建議上午下午各安排一個比較好，其中以艾基斯峰觀景台（EGGISHORN）

的景色最為推薦，應該安排在天氣最佳之時或預留最多時間登上去。

　　至於我們，是在告別布里格後，帶著行李前往此區的。為了享受高山上的寧靜環境和觀看日出景色，便選擇住在貝特默阿爾卑鎮。只是在山上住宿的那個晚上，卻遇上不好的天氣，持續下雪。旅行就是這樣，大自然就是這樣，我們帶著準備無法看到冰川的豁達放鬆心情，依著原本計劃繼續行程。

左｜費斯火車站。　右｜纜車站口，兩者相距十分鐘的路程。

6-2 SWITZERLAND 住在世外桃源小村沉醉於絕對的靜謐氛圍
貝特默阿爾卑 Bettmeralp

位於半山腰的費斯阿爾卑（FIESCHERALP，2212 米）、貝特默阿爾卑（BETTMERALP，1950 米）與利德阿爾卑（RIEDERALP，1925 米），彷彿三姊妹一樣的世外桃源小村，纜車都是通往她們的唯一交通工具，村裡同樣是禁止汽車通行，又在高高的山崗上，於是便有了一種與世隔絕的安逸與寧靜的氛圍。

❄ 滑雪場均與酒店非常接近

我們上山時「巧遇」大風大雪，能見度很低，不過原來這地區一年有 300 多天的光照，比起很多小鎮擁有更多時間享受到美好的日光。夏天期間，三座小鎮及周邊共有 300 公里的健行路線，風景優美，旅客除了看到冰川景色外，還可欣賞到山中湖與森林，適合家庭遊玩。到了冬天，此區又會搖身一變擁有完善滑雪設施，每年 12 月至翌年 4 月，皆為滑雪旺區，賣點是各村的滑雪場均與酒店非常接近，部分甚至正在雪場旁邊，旅客下榻於此，便可直接 SKI-IN SKI-OUT，省時便捷！

❄ 三座悠悠小鎮

這三座環保小村，規模不大，我們居住的貝特默阿爾卑鎮，算是比較熱鬧和大的；以此鎮為例，步出纜車站是村頭，慢慢走的話，不多於十五分鐘便可走到村尾，並見到第二段纜車站，途中還有一座美麗的聖母瑪利亞教堂，外形小巧，是當地的地標，以及旅客中心及超市，其餘都是旅館、餐廳及商店等等。

❶ 雪地計程車：除了旅館會派出免費電動雪車來接送旅客的行李，小鎮亦有接載旅客及行李的雪地計程車。行走本鎮之內，收費：25 瑞朗（1-2 人）/35 瑞朗（3-5 人）。
❷❸ 貝特默阿爾卑鎮的纜車站外停泊了許多旅館的雪地電動車，我們把行李放上電動車後，便散步入村。 ❹ 途中，我們見到旅客們使用雪橇來運送行李。

夜幕下的貝特默阿爾卑鎮，幽靜安逸。

我們溫馨的房間，可在露台觀賞日出日落的高山景色；剛到達的旅客拉著
行李經過我們旅館前方，朝向村尾方向走著。

純潔白雪靜靜地覆蓋在大地與屋頂上，好一個如夢境一樣的雪鄉小鎮。盤據在山崖邊的高高低低木造房舍，依傍山勢而興建，形成層層疊疊的獨特景致。

官方圖片

聖母瑪利亞教堂，外形巧又美麗，是小鎮地標。此時已被相當多白雪覆蓋，左圖是冬天情景，右圖是夏天，一看便明瞭積雪厚度有多深？

❄ 其他環保旅遊村

　　禁止通行汽車，只能依靠纜車或鐵道進出的高山小鎮，在瑞士都被列為環保旅遊村莊，目的之一是希望完好保存阿爾卑斯樸素的山村氛圍，除了本文的這幾個小鎮，策馬特及薩斯斐便是最為人所熟悉，此外還包括瑞吉卡爾特巴德（RIGI-KALTBAD）、施圖斯（STOOS）、牧輪（MURREN）及溫根（WENGEN）等等。我們曾經在牧輪與溫根留下足跡，她們都在少女峰地區，更在溫根住上好幾天，那是另一段美好深刻的旅行印記。

❄ 三小鎮是互通的

　　說回正題，這三個小鎮是互通的，我們居往的貝特默阿爾卑鎮居於中間，與利德阿爾卑鎮較為接近，徒步來往兩地不會多於一小時，而且都是平坦易行之路，很多旅客喜歡把此段步道納入行程。至於貝特默阿爾卑鎮與費斯阿爾卑鎮，雖然同是平緩路段，卻需要花上兩個小時，所以相對較少旅客選擇。

❄ 雪地計程車

　　步出小鎮纜車站便是大街，就如策馬特等等環保小鎮一樣，夏天時，酒店會派出小電動車來接載旅客和行李，如果不太遠和行李不多，我們喜歡拉著行李走一走。至於冬天，因為拉著行李在厚厚雪地上行走比較困難，還是請酒店派出電動小雪車來接送。此外，小鎮亦有接載旅客及行李的雪地計程車，行走本鎮之內，收費：25 瑞朗（1-2 人）／35 瑞朗（3-5 人），收費標準都是統一；要是旅客想前往另一邊的利德阿爾卑鎮，雪地計程車也可以辦到。

❶ 從日出的明亮景色，我們便知道大風雪已經遠離了。
❷ 把握時機，在房間露台多拍幾幅遼闊又清晰的圖片。
❸ 我們入住的 Hotel Alpfieden。
❹ 旅館餐廳提供豐盛早餐，吃飽後我們便坐纜車上山。

清晨時分，走在露台，只見到久違的蔚藍天空
與溫暖陽光，早已悄悄降臨了！

村尾有登上貝特默峰的纜車站（角度關係所以看不到）以及兩道滑雪吊車路線。大街開始陸續有些旅客朝村尾邁步，我們就是其中之一。

❄ 大街旁的旅館最吃香

旅館的電動雪地車接載了行李便先行回去，我們自己步行入村。主街兩旁以及更高處，都滿佈著阿爾卑斯典型的木房子，雪峰、藍天與白雲便是這些古樸又美麗木房子的大背景；其中以大街路旁的旅館最為吃香，價錢較高，因為滑雪客可以直接從滑雪場滑行在大街上，輕鬆回到旅館才卸下滑板。

村中間有旅客中心及超市，我們步行過村中不久，在路邊便出現 HOTEL ALPFIEDEN。辦理手續時，便見到一家四口正由旅館門口滑行去村尾。村尾有登上貝特默峰的纜車站，滑雪客可以登上去，從觀景台滑行下來；此外亦有六人及四人滑雪吊車，可載人去到另外兩處去滑雪，不曉得這家人會去哪處呢？而我們，就是會乘坐登上貝特默峰的纜車去看美景。

左｜滑雪客可以在小鎮大街滑行，十分方便。
右｜小鎮上專為小朋友而設的練習場。

貝特曼峰
（Bettmerhorn，2647 米）

❄ 靜靜地沉醉於小鎮的靜謐中

　　說回 HOTEL ALPFIEDEN，是一座傳統風格的旅館，本身沒有官網，但在各大訂房網站都可訂到其房間，賣點除了位於主街，還有全部房間都擁有山景陽台，房間乾淨和舒適，設備及 WIFI 也齊全。待白天的行程完成後，不在鎮上住宿的旅客亦下山去，整個小山村也變得安安靜靜，夕陽為四周的一切披上了一層紅光。我們在房間休息一會兒，便來到旅館的餐廳，這時幾乎所有住客都聚在此，一片熱絡氣氛，大家暢快地一邊享用美酒佳餚，一邊回味這天的種種美好。

這裡就是貝特默阿爾鎮的滑雪場，住在小鎮的旅客步出旅館，便可很方便滑至村尾，一條纜車線、兩條吊車線均可選用，體驗從三個高點開展出多條不同難度的滑雪道。

貝特默峰纜車站

夜幕高掛，除了偶然路上有幾名剛抵達的旅客快步走過產生一陣輕微聲音外，整座小鎮變得異常靜謐。餐廳只剩下在打掃的職員，住客們早已回到房間休息，小聲聊天，靜靜地沉醉於睡前的時光⋯⋯

天氣預告翌天就像第一天一樣依然大風大雪，真的出人意表，清晨六點從陽台望出去，便見到久違的陽光和一片清晰雪山小鎮景色，我們終於可以去看阿萊奇冰川了！

貝特默阿爾卑鎮對面的 Breithorn、Bättlihorni 幾座山峰都是將近 4000 米，然後幾排群峰後面，便是義大利。再往南望，只見遙遠角落裡有一座外形特突出又熟悉的馬特洪峰啊！

馬特洪峰

貝特默阿爾卑鎮

6-3 SWITZERLAND 阿萊奇冰川上游與下游的壯麗景致

貝特曼峰觀景台 Bettmerhorn、艾基斯峰觀景台 Eggishorn

阿萊奇冰川（ALETSCH GLACIER），位於伯爾尼州和瓦萊州境內，四處源頭集中在伯爾尼州的少女峰地區，最主要的源頭是由 4000 多米的少女峰與僧侶群峰之間山脊開始流下來，再滙聚另外三處源頭，成為大阿萊奇冰川（GREAT ALETSCH GLARCIER），長達 23 公里，延伸流下至 2500 米高的馬薩峽谷（MASSA GORGE），冰川

少女峰觀景台與阿萊奇冰川上游

融水最終注入羅納河（RHONE），這就是歐洲阿爾卑斯山脈最長、最大的冰川。

冰川（GLACIER），又稱冰河，是指大量冰塊堆積形成如同河川般的地理景觀，並且是一個巨大的流動固體，所以當我們在觀景台觀察到的阿萊奇冰川，看起來是凝結不動，實則上它每年平均會移動 180 米。

❄ 被列為世界自然遺產

這個區域以超凡脫俗的美景而聞名於世，2001 年被列為世界自然遺產，定名為「世界遺產瑞士阿爾卑斯山：少女峰 - 阿萊奇地區」（UNESCO SWISS ALPS JUNGFRAU-ALETSCH WORLD HERITAGE SITE）。在 2007 年，被列入的範圍擴大，包含阿萊奇冰川東北處的費舍冰川（FIESCHER GLACIER）等等。

❄ 被列為世界自然遺產冰河曾經覆蓋的地方

冰河末期（大約 18000 年前），阿萊奇冰川的冰覆蓋這一大片地區的山脊，只有好幾座峰頂在冰面上冒出來。想像一下，現今我們可抵達的三個觀景台，在很久很久以前是冰川覆蓋的位置。這都是專家觀察冰川兩旁的陡斜山坡及山脊上的石塊推斷得出的，因為被冰塊覆蓋過區域的岩石塊變得特別光滑圓潤，而這些地方絕大部分的岩石都是這樣，唯有峰頂岩石的形狀是尖銳和鋸齒，可見沒有被冰川覆蓋。

冰河期過後，大約 11000 年前，阿萊奇冰川尾段就停在羅納河谷，冰河的覆蓋高度也慢慢地下降。時至今日，兩旁的山坡及周邊生長滿滿的珍稀植物和林木，也是很多稀有動物的棲息地，繁茂的阿萊奇森林便是牠們的聚集地，成為今日我們見到的樣子。

❄ 整條冰川最寬闊的地方

巨大的阿萊奇冰河，最寬闊的地方在少女峰下面的 KONKORDIAPLATZ 冰原，那就是上面提及四處的冰川起源的滙合點。這冰原寬約 1800 米，高度大約 2700-2800 米，冰層深度約 900 米，是整條冰川最厚與最寬闊的地方。這個冰原的冰流動速度為每天 50 厘米，或是每年 200 米。登上少女峰觀景台就是可以欣賞到此景色。

從 KONKORDIAPLATZ 冰原開始，大阿萊奇冰川隨著地形大概以近乎直線的流動，當流至埃基斯峰（EGGISHORN）便開始向右轉彎，大約是整條冰川的三分之二（約 14-15 公里），因此此山的觀景台以阿萊奇冰川的大轉彎而馳名，一邊可以遠眺到冰川的源頭，另一邊則可望到冰川盡頭。

地球上的全部冰河，都難逃全球暖化的「迫害」，阿萊奇冰河的涵蓋範圍同樣受到氣候暖化的影響，冰川每年以約 20 米的速度不斷後撤。根據紀錄 1856 年冰河的覆蓋面積約為 163 平方公里，1973 年則只有 128 平方公里，現時只剩 117 平方公里，看著持續減少的數字便明瞭冰河的消退速度何時之快、何等之可怕、何等之悲傷！

官方相片

此圖是少女峰觀景台與阿萊奇冰川上游。

我們在少女峰觀景台遠眺到 Konkordiaplatz 冰原，此冰原是阿萊奇冰川最寬闊的地方。

Konkardia Platz 冰原

阿萊奇冰川中游
本頁插畫是冰川中游的艾基斯峰觀景台，右邊是冰川源頭方向，左邊是尾段。
1 少女峰、僧侶峰及少女峰觀景台的地置。
2 Konkordiaplatz 冰原。
3 馬薩峽谷。
4 馬特洪峰。

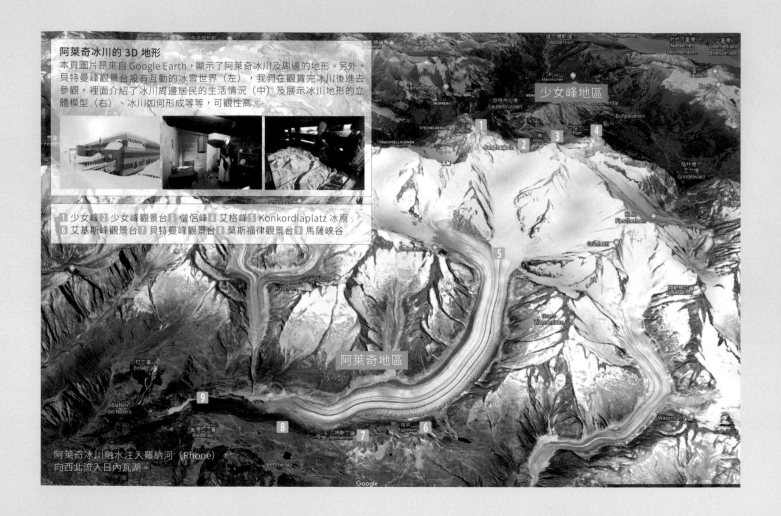

阿萊奇冰川的 3D 地形

本頁圖片是來自 Google Earth，顯示了阿萊奇冰川及周邊的地形。另外，貝特曼峰觀景台設有互動的冰雪世界（左），我們在觀賞完冰川後進去參觀，裡面介紹了冰川周邊居民的生活情況（中）及展示冰川地形的立體模型（右）、冰川如何形成等等，可觀性高。

1 少女峰 2 少女峰觀景台 3 僧侶峰 4 艾格峰 5 Konkordiaplatz 冰原
6 艾基斯峰觀景台 7 貝特曼峰觀景台 8 莫斯福律觀景台 9 馬薩峽谷

少女峰地區

阿萊奇地區

阿萊奇冰川融水注入羅納河（Rhone），
向西北流入日內瓦湖。

冰川上游：少女峰與僧侶峰之間是冰川的最大源頭。

冰川上游：冰川的四個源頭滙聚成 Konkordiaplatz 冰原。

冰川中游：冰川大轉彎的位置。

官方圖片

冰河末期：阿萊奇冰川覆蓋了這一帶的山脊，只有峰頂在冰面上冒出來。

秋天的冰川下游：全球暖化導致冰川每年後退約 20 米。2005 年特別嚴重，竟然消融了 100 米之多。科學家預測 2100 年整個阿爾卑斯山脈將發生巨大變化。

❄ 因應天氣而改動的兩天行程

　　我們規劃了一天半的阿萊奇地區行程，可是第一天遭遇大雪，濃霧籠罩，行程不得不改動，原本的健行計劃取消了，而三個觀景台，我們便去了艾基斯峰觀景台及貝特曼峰觀景台，其中後者更去了兩次。

❄ 貝特曼峰觀景台

　　首天的早上至中午是霧最濃的時候，我們在貝特默阿爾卑鎮的旅館辦好手續，便在村尾纜車站繼續上山。幾天前在策馬特鎮上遇上陰雲密布，但一旦登上 3000 米左右的觀景台，卻驚喜地看到異常的蔚藍天空，可惜這種驚喜如奇蹟的結果並沒有發生。2647米的貝特曼峰觀景台，是這地區唯一建有的全景餐廳。只見一個接一個滑雪客在車站旁的滑雪道飛快滑下去，看著濃濃雲霧，能見度極低，他們真是技高膽大的滑雪能手！

❄ 三條主要滑雪道

　　從此觀景台開展下去，主要有三條滑雪道，兩條在纜車站左邊出口，其中一條是要首先滑行在 SKITUNNEL 隧道中，當天是封閉中，只見隧道口的警示牌寫著「這裡難度很高，穿過隧道便是很陡斜的 200 米長的雪坡，只適合「VERY GOOD SKIERS」！」後來我查看地圖才知道這是最難的黑色滑雪道。接著這三條雪道又分支成多條滑雪道，又與莫斯福律觀景台開展下來的滑雪道滙合，總言之最終全部都是滑回貝特默阿爾卑鎮。

左｜貝特曼峰觀景台旁邊的滑雪道，雖然天氣不好，依然有大批滑雪客登上來。中｜艾基斯峰觀景台的全景餐廳。右｜隧道另一邊是很陡斜的 200 米長的雪坡，當天封閉中。

第一天,我們在最靠近冰河的 Gletscherblick 觀景點,除了濃霧外一點景色也沒有看到(左);從旁邊介紹牌子(右)僅僅冒出頂部,大概便猜到積雪有多深。第二天早上,我們再訪此地,雖然仍兒雲霧飄移,可喜的是冰川真面貌終於顯露出來,本頁的圖就是第二天拍攝的。

冰川終於顯露真面貌

步出纜車站，走一段小路，旅客便可到達最靠近冰河的 GLETSCHERBLICK 觀景點，遊客在晴天下是可以欣賞到阿萊奇冰川的中游景色和多座海拔四千米以上的雄偉高峰拔地而起。可惜這時候無法看到，又見此地的介紹牌子，現在大半都被厚厚的白雪覆蓋，只冒出少許頂端。

翌日清晨，不死心的我們在房間陽台看到令人喜悅的陽光，興奮不已，便把握機會再訪貝特曼峰觀景台。從全景觀景台遠望出去，天色特別好，還清晰地看到馬特洪峰在遠方跟我們打招呼；另一邊，我們回到最靠近冰川的觀賞點，雖然仍見雲霧飄移，可喜的是冰川真面貌終於顯露出來，總算如願成真！

從貝特曼峰觀景台開始的夏天健行路線
紅線｜從貝特曼峰觀景台健行到艾基斯峰觀景台是一條有點難度的路線。
白線｜從貝特曼峰觀景台健行到莫斯福律觀景台是一條輕鬆路線。
❶ 貝特曼峰觀景台 ❷ 莫斯福律觀景台 ❸ 艾基斯峰觀景台 ❹ Blausee 湖泊。
❺ Bettmersee 湖泊 ❻ 利德阿爾卑鎮 ❼ 貝特默阿爾卑鎮 ❽ 費斯阿爾卑鎮。
下圖左｜從貝特曼峰觀景台健行到莫斯福律觀景台的路，主要在山脊上，路途輕鬆，適合小朋友行走。中｜此地區亦有多個美麗幽靜的山中湖，比如 Blausee 湖泊，從莫斯福律觀景台開始前往是最方便。右｜Bettmersee 湖泊。

從貝特曼峰觀景台開始的夏天健行路線

　　貝特曼峰觀景台旁邊就是貝特曼峰，高 2858 米，比觀景台高出 200 米左右，冬天時是無法行走上去的，夏天卻可以。阿萊奇地區的夏天健行非常多樣化，以來往觀景台或小鎮之間為重點，因此串連兩個觀景台＋兩個小鎮＋健行的旅行線成為很多旅人的規劃。假若我們在夏天再訪時，除了參加冰川健行（冬天是沒有冰川健行團），亦希望從貝特曼峰觀景台開始健行，可以去到另外兩個觀景台。這兩條相反方向的路線都是在山脊上，前往莫斯福律觀景台的路是比較輕鬆的，適合帶著小朋友。

❄ 一路上手腳並用的路線

　　至於前往艾基斯峰觀景台的路線有點挑戰性，我們倒希望挑戰一下。走法大概是由貝特曼峰觀景台開始爬行，途經 2858 米的貝特曼峰頂，一路上手腳並用走在山脊，約兩至三小時才能抵達艾基斯峰觀景台。這樣不用轉折地再坐纜車去到另一座觀景台。在艾基斯峰觀景台看完景色，便可坐纜車下到費斯阿爾卑鎮，在小鎮上走一走才繼續下山離開；如果是住在貝特默阿爾卑鎮，最後又可從費鎮走回到貝鎮。這樣繞一個大圈，雖然花上一整天，甚至很累，卻是豐富不已！

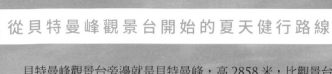

馬特洪峰

左｜首天下午，我們坐火車到費斯站下車。中｜乘坐第一段纜車抵達費斯阿爾卑鎮，依然是濃霧四處。
右｜第二段纜車，車身的星形圖案很醒目。

❋ 不確定的天氣資訊燃點我們的期望？

　　首天上午的天氣十分不好，我們無法在貝特曼峰觀景台看到冰川，帶著些許失望回到貝特默阿爾卑鎮。我們在旅客中心查看最新的天氣預告，職員說太陽在下午有可能會跑出來，這個不確定的好資訊點燃期望之光，就這樣不死心的我們，便馬上起身去艾基斯峰觀景台。

❋ 從貝特默阿爾卑鎮去艾基斯峰觀景台

　　前往方法：在小鎮坐纜車下到貝騰站→坐火車往費斯站→坐纜車登上費斯阿爾卑鎮→換第二段纜車登上艾基斯峰觀景台，全程大約耗上一個多小時。其間抵達費斯阿爾卑鎮時，依然濃霧瀰漫，能見度極低，無法見到此鎮的真貌面。

終見陽光顯露出來，纜車站外都是準備挑戰黑色滑雪道的高手。

這處沒有全景餐廳，但仍有一座小餐廳，門外坐著幾位默默欣賞著
冰川景色的旅客。

❄ 全部都是挑戰黑色滑雪道的高手

　　雖然已是下午，登上艾基斯峰觀景台的滑雪客仍然很多，
車廂內一片熱絡氣氛。話說，在這即將抵達的觀景台，其外面
只有一條滑雪道，是難度最高的黑色滑雪道，那麼車廂內都是
要挑戰黑色滑雪道的高手。整個阿萊奇地區只有兩條黑色滑雪
道，如此一來，都在最高兩個觀景台。

　　同車中有一位看起來經驗很老練的滑雪客，跟我們閒談起
來，當知道我們早上在貝特曼峰觀景台沒有看到冰川，便鼓勵
地笑說：「我們等一會兒在上面，應該可以看到冰川的，放心！」
我樂觀地回答著：「我們就是相信會看到冰川才在這裡啊！」

阿萊奇冰川

❄ 一片雲海仙境中隱約俯看到阿萊奇冰川

　　就在接近下午四點的時候，我們抵達海拔 2869 米的艾基斯－峰觀景台，那處是三大觀景台中最高的一個。踏出纜車站，便聽到那位老練滑雪客指者冰川方向，笑著說：「你們看，冰川就在那裡啊！」果然，沒有下雪，久違的太陽終於露面，陽光一點點灑進冰川一帶；在這彷彿一片雲海仙境中，我們總算有所收穫，隱約俯看到阿萊奇冰川的面貌了！

完美無瑕的阿萊奇冰川

　　總結這兩天的旅程，我們都無法清晰地欣賞阿萊奇冰川全景，心裡覺得滿可惜，但一想到這就是大自然的不變定律，開懷心情自然很快回來。很感謝這兩天陪伴我們的旅遊局女導遊，她臉露笑意地說：「記得在夏天再來啊！」

　　中午過後，火車載著我們前往下一站的途中，手機突然收到電郵，附件有一張圖片……

　　打開一看，噢！那不就是一幅無雪無霧無雲的異常蔚藍天空下的阿萊奇冰川嗎？雄奇壯麗的冰川與群山清清楚楚的原形畢露！

　　原來女導遊跟我們分手後，因工作關係再度登上艾基斯峰觀景台，這完美無瑕的冰川全景圖片是在幾分鐘前拍下來；即使是在手機觀看，如此純白世界亦美得讓我目瞪口呆、美得讓我巴不得馬上折返觀景台親眼見證！（本圖便是她送給我們的禮物。）

6-4
SWITZERLAND

冬季健行與夏季冰川健行的推薦

上一篇說到我們因為遭遇惡劣天氣而改變行程，可是原來的行程是由當地旅遊局規劃，我想這個沒有實行的規劃其實很有參考價值，值得分享一下。基於我們住在貝特默阿爾卑鎮，所以規劃也是以此鎮為據點。那便由我們在酒店放下行李開始說起，當時大約是早上十點整。

❶ 從貝特默阿爾卑鎮走到利德阿爾卑鎮

因為三個小鎮是互通的，旅客可以從貝特默阿爾卑村頭走到利德阿爾卑鎮，這是一段平坦易行之路，不多於一小時（右圖綠線），景色以山谷及對面群峰景色為主，無論夏天或冬天很多人都愛走的。村首的纜車站旁邊便有健行指示牌，旅客依著走便可以。

❷ 莫斯福律觀景台

當抵達利德阿爾卑鎮時，旅客便可坐纜車登上莫斯福律觀景台（2333米），主要是觀看中游及下游的冰川景色。前文提及夏季期間，三個觀景台是互通，所以推薦旅客規劃從 A 觀景台健行到 B 觀景台，可是到了冬天，三個觀景台互通的步道因為積雪太深而不適宜健行。

❸ 莫斯福律觀景台的冬季健行

可是，旅客卻可以從莫斯福律觀景台健行下山，它是三個觀景台唯一設有下行步道，其餘兩個只擁有滑雪道。所以原始計劃的另一個重點，就是從此觀景台展開冬季健行的體驗。順道一說，在此觀景台亦有雪橇滑道，旅客可以坐在雪橇一路快速滑回山腰的小鎮。

從莫斯福律觀景台開始下行，最終可返回利德阿爾卑鎮或貝特默阿爾卑鎮，而我們當然是以後者為終點（藍線）。同樣地，這段路在夏季十分熱門，途經是藍湖（BLAUSEE ，2207米）及貝特默湖（BETTMERSEE，2006米），注意在冬天時她們都已結冰。

❹ 貝特曼峰觀景台

回到小鎮應該是下午兩點左右，視乎時間與體力，可以在鎮上餐廳，或是直接坐上纜車，在貝特曼峰觀景台的全景餐廳享用午餐（推薦後者）。這樣慢慢品嚐美食、慢慢欣賞冰川景色，甚至乎可選擇坐上最後一班纜車才折返小鎮。

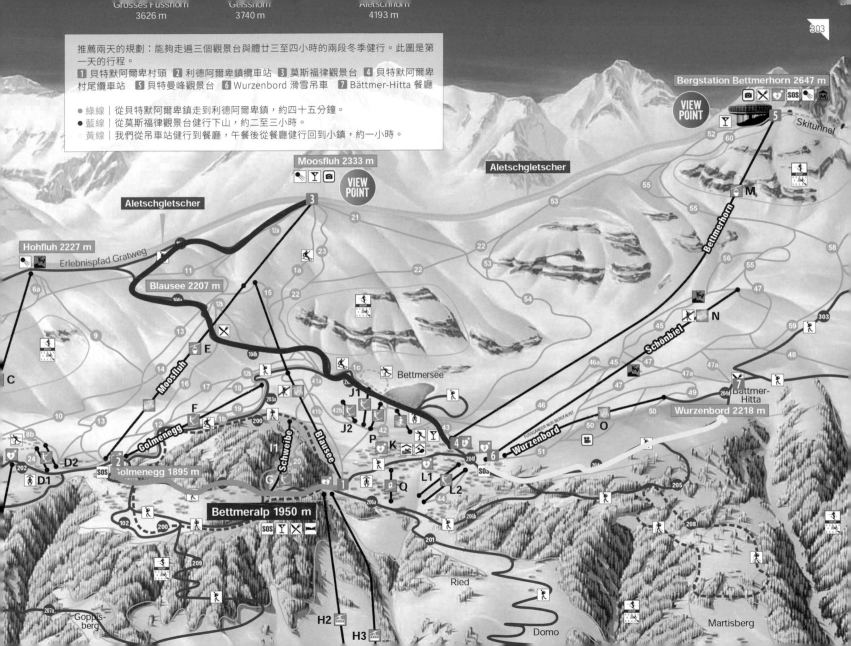

Grosses Fusshorn 3626 m
Geisshorn 3740 m
Aletschhorn 4193 m

推薦兩天的規劃：能夠走遍三個觀景台與體廿三至四小時的兩段冬季健行。此圖是第一天的行程。
1 貝特默阿爾卑村頭 **2** 利德阿爾卑鎮纜車站 **3** 莫斯福律觀景台 **4** 貝特默阿爾卑村尾纜車站 **5** 貝特曼峰觀景台 **6** Wurzenbord 滑雪吊車 **7** Bättmer-Hitta 餐廳

● 綠線｜從貝特默阿爾卑鎮走到利德阿爾卑鎮，約四十五分鐘。
● 藍線｜從莫斯福律觀景台健行下山，約二至三小時。
黃線｜我們從吊車站健行到餐廳，午餐後從餐廳健行回到小鎮，約一小時。

Bergstation Bettmerhorn 2647 m

VIEW POINT

Skitunnel

Aletschgletscher

Moosfluh 2333 m
VIEW POINT

Aletschgletscher

Hohfluh 2227 m
Erlebnispfad Gratweg

Blausee 2207 m

Bettmersee

Schönbiel

Bättmer-Hitta

Wurzenbord 2218 m

Golmenegg

Moosfluh

Schweibe

Blausee

Golmenegg 1895 m

Bettmeralp 1950 m

Wurzenbord

FUSSGÄNGER NUR BERGFAHRT

Ried

Goppis-berg

Domo

Martisberg

⑤ 艾基斯峰觀景台

第二天離開貝特默阿爾卑鎮後，我們可以在費斯站寄存行李，然後輕鬆登上艾基斯峰觀景台，最後以觀賞阿萊奇冰川大轉彎景色作結。

❄ 真實體驗過的冬季健行路線

上面是無法實行的完整兩天行程，其實在第一天裡亦有一段大約一小時的健行（上頁地圖的黃線），是實際上我們行走過的。在貝特默阿爾卑鎮村尾，除了纜車站，亦有兩段的滑雪吊車，其中一段四人吊椅是登上 WURZENBORD（2218 米），下車後健行一段路可抵達 BÄTTMER-HITTA 餐廳，那其實是當天我們午餐的地方。這餐廳就像其他滑雪場的山中餐廳一樣，是提供滑雪客中途休息及用餐的地方。我們來到的時候，剛好遇上幾位滑雪教練帶著廿多名滑雪學生來用餐，十分熱鬧。

用餐後，我們便健行回到貝特默阿爾卑鎮村尾，全程是平緩下行之路，只是濃霧導致山谷美景與我們無緣而已。

❄ 最想做的事情是夏季冰川健行

說實在，來到阿萊奇地區，最想做的事情是參加冰川健行團，即是實實在在地走在萬年冰河之上的特別旅程，用最親近的方法去欣賞及體驗冰河之美。在《最完美的瑞士之旅2》收錄了，我們在聖莫里茲（ST. MORITZ）的冰川健行體驗，經歷那六小時翻山越嶺的深刻體驗後，便期盼著終有一天可在這歐洲最長最大的冰川上面走一回。

如果你們在夏天來訪此區，決定參加冰川健行日團肯定是人生做得最對的事情之一。推薦的是冰川健行初級團，一般旅客也能應付，三大觀景台均有健行團，全程約六小時；在專業冰川導遊帶領下，在早上八點左右開始，從觀景台下行至冰川上面，實際在冰川上行走至少三小時，然後回去同一個觀景台或是小鎮。每位收費約 90 瑞郎。另外，還有兩天的高級團，體力要求等等都會更高。相關資料可在官網找到。

從貝特默阿爾卑村頭走到利德阿爾卑鎮，左圖是纜車站旁的指示牌子，右圖的紅圈是通往利鎮的路。

官方圖片

最想做的事情是參加夏天冰川健行團，在這歐洲最長最大的冰川上面走一回！

天色明朗時，Bättmer-Hitta 餐廳及周邊的景色十分優美，可遠望到群峰中的馬特洪峰。

官方圖片

Bättmer-Hitta 餐廳

❶ 登上 Wurzenbord 的四人吊車站。 ❷ 一批批滑雪客前往 Bättmer-Hitta 餐廳休息。 ❸ 餐廳內坐滿客人，熱熱鬧鬧。 ❹ 餐後我們健行回去，背著黃色背包的是 Erica。

CHAPTER

7

LEUKERBAD

洛伊克巴德

7-1 SWITZERLAND

零下氣溫泡溫泉，欣賞阿爾卑斯山景

洛伊克巴德　Leukerbad

　　瑞士的冬日下，最愜意的旅行方式莫過於泡溫泉了吧！在皚皚白雪、裊裊霧氣之中，一邊用整個身體去充分體驗阿爾卑斯山的溫泉水，一邊仰望巍峨高大的群山名峰，便有一種人生在世有幾何的滿足感覺。

❄ 以溫泉而馳名的高山小鎮

　　過去的經驗，旅途中段或結束前如有機會泡溫泉，一路積累的疲勞多多少少都可以減輕；經過多天的連場冬季健行、雪鞋健行、滑雪、雪橇、鐵索攀岩後，又是時間停下腳步、泡一泡溫泉；有別於前文介紹的薩斯斐青年旅舍及水療中心，本篇是要介紹著名溫泉小鎮洛伊克巴德（LEUKERBAD）。LEUKERBAD，這個小鎮名稱可以分為兩部分，「LEUK」是山腳的小鎮，火車站也以此命名，「BAD」是德語中的「洗浴」的意思，可見此鎮就是以溫泉而馳名。

左｜百多年前的畫作描繪小鎮室內泡溫泉的情況，泡溫泉的人們同時也會進餐、飲酒、做生意和認識朋友，並且經常在裡面逗留大半天。中｜老照片中，人們一邊泡溫泉、一邊在下棋。右｜老照片中，人們在戶外泡腳的情形。（官方圖片）

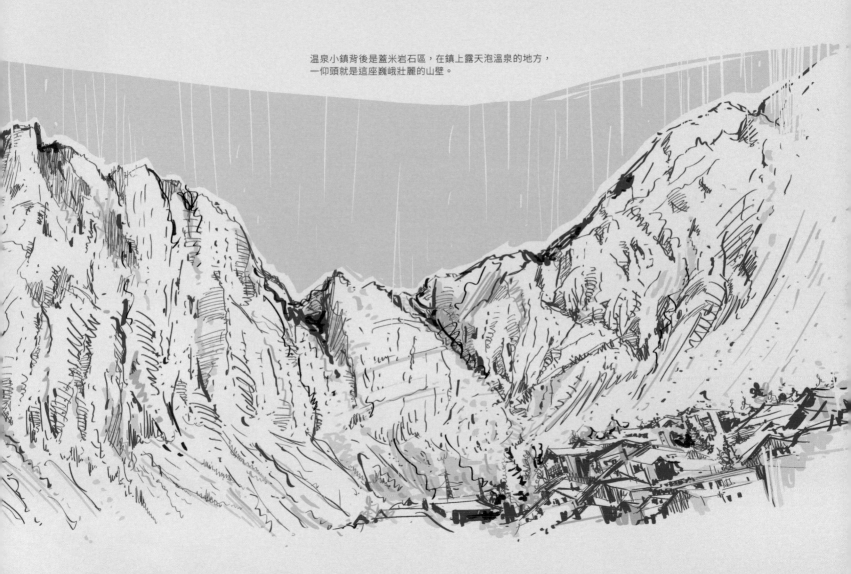

温泉小鎮背後是蓋米岩石區，在鎮上露天泡溫泉的地方，
一仰頭就是這座巍峨壯麗的山壁。

❋ 小鎮從十三世紀起成為瑞士溫泉療養勝地

　　瑞士的溫泉大多地處海拔較高的山上，其中不少是由天然地熱形成的。古羅馬人很早就發現了洛伊克巴德溫泉（LEUKERBAD THERME）具有豐富的治療功效，可以幫助士兵調養和癒合傷口。當年他們是經過蓋米隘口（GEMMI PASS），下行至山谷中的溫泉。

　　及後，此鎮從十三世紀起成為瑞士溫泉療養勝地，除了本地人，亦有很多外國名人也遠道而來泡溫泉，如歌德、莫泊桑、大仲馬、畢卡索、馬克吐溫等等。

百多年前的小鎮畫作，描繪出當時各式各樣的溫泉旅館。（官方圖片）

深夜中的洛伊克巴德與蓋米隘口

我們到訪的那兩天,都是與大風雪和濃霧很有緣。
白天裡在樸實小山城散步,奇怪街道上只有幾個人
影,四處十分幽靜,原來大家都放棄上山、改而去
泡溫泉。在這樣寒冷的下雪天,彷彿只剩下一件事
情應該做,就是泡溫泉~

❄ 前往的公共交通

除非是自駕，否則前往小鎮便需要搭乘兩段的交通，首先坐火車到洛伊站（LEUK），換乘 471 號郵政巴士上山；這一段山路有點曲折，雲霧繚繞，約 30 分鐘後，靜臥在山窩裡的小鎮便在車窗外逐漸展現。

❄ 惡劣天氣的後備方案

有些旅客會把這溫泉名鎮當成惡劣天氣的後備方案（我們就是這樣，後面會補充），當不適宜登上某個名峰欣賞景色時，便轉移至此處泡溫泉；以布里格為據點的話，火車及巴士兩段交通的時間只要一小時十多分鐘，與由台北市內坐捷運到新北投去泡溫泉的時間不會相差很大。

❄ 住上一夜好好泡溫泉和休息

至於我們，選擇帶著行李來訪此鎮，體驗鎮上不同風格的兩大公眾溫泉館，盡情地在泡湯時觀賞景色，並且住上一夜好好休息一下，才繼續後面的緊湊行程。

471 號郵政巴士的總站就是洛伊克巴德鎮，旅客中心也在同一棟建築物，先拿取地圖才步出公車站，外面便是人來人往的熱鬧大街，走在大街小巷，旅客隨處能見到溫泉池冒出來的濃煙。

❄ 歐洲最大的泉水量

此區每天可湧出 390 萬公升的溫泉水，是歐洲最大的泉水量，通常介於攝氏 28 至 43 度之間，最高溫度可達 51 度（瑞士溫泉不比台灣、日本熱，對我們來說是溫水），為鎮上數十家大大小小的室內外溫泉浴池提供泉水。

除了酒店的私人浴池，要說到最受旅客喜歡的莫過於兩大公眾溫泉館，那就是洛伊克巴德溫泉與洛伊克巴德阿爾卑斯溫泉浴場（THE WALLISER ALPENTHERME & SPA LEUKERBAD），同樣可以一邊欣賞周邊群山的壯美景色、一邊享受泡溫泉帶來的輕鬆快樂。此兩館便是我們此行的目的，將在下一篇文章會有詳細分享。

左｜洛伊火車站換上 471 號郵政巴士。
右｜洛伊克巴德鎮的巴士總站及旅客中心。

旅客全年都可以來泡溫泉，冬季可滑雪、玩雪橇，夏天則健行，原來這裡也有我們在薩斯斐體驗過的鐵索攀岩，當我們坐纜車時便見到幾近垂直山壁上掛著幾道長長的「旋轉的金屬梯子」，即使只是遠望，那種驚險依然深刻，不過如果時間許可，我會馬上攀爬挑戰的！

跟阿萊奇地區一樣，我們在此地區的原來行程也因為天氣問題而改動了，結果來了此鎮兩次：第一次是早上來到、傍晚離開，那天原是去策馬特，結果下大雪，而臨時改為來此鎮泡溫泉，那便是前面提及的後備方案。第二次在下午來到，並住上一個晚上，不過與第一次一樣都是天氣不好。

微微的冒煙，小鎮大街上源源不絕冒出來的溫泉。洛伊克巴德的溫泉供應充足，每天都有三百九十萬升的溫水湧出來，是歐洲最大泉水量。

Wildstrubel
laine Morte

Gr. Lohner
3048 m

Adelboden

Roter Totz

Kandersteg

Altels
3629 m

Balmhorn
3699 m

Doldenhorn
3643 m

Rinderhon
3453 m

mmerhütte

Schwarenbach

洛伊克巴德鎮（1411 米）座落於山谷盆
地間，兩旁有蓋米溢口（Gemmi Pass，
2270 米）與 Torrent 滑雪區（2270 米）
緊緊擁抱著，旅客均可坐纜車登上這兩處，
展開各種好玩的雪地活動。

右圖是小鎮與蓋米山口。（官方圖片）
黑線：昔日，古羅馬人經過蓋米山口（星
形圖案）下行至溫泉。

Schafberg
2806 m

Restipass
Goppenstein

Daubensee

Plattenhörner

mmerboden

GEMMI

Clawinenalp

Flüealp

2610 m

Fis

3a
3b 14

aubenhorn

Gemmipass
235

Feuillerette

8   1b

2

32 7b

E

5

F

1a

D

4

7a

9

登上蓋米溢口的纜車。

16

15

4

Rinderhütte
2350 m

TORRENT

Verkaufsstelle
Abonnemente
Vente d'abonnements
Vendita abonnements

Restaurant
Ristorante

SOS Station
poste SOS 027 472 81
centro SOS

BUS

13

30a

5

10a   10b

16

Fis

11

Torrentalp

31

ACHTUNG ATTENTION
ATTENZIONE

Markierung
beidseits der Piste

Snowpark Sportarena

LEUKERBAD
1411 m

17

A

5

C

30b

2

920 m

3

12

Balisage des deux
côtés
de la piste

Segnalazione ai due
lati
della piste

Markes both side
of run

Sportzentrum

5

B

6

33

12 Planedri

Noyer

4

Römerweg
Birchen-Bodmen

Visp

Inden/Varen

Flaschen
1540 m

Dorbu

ALBINEN

1274 m

7-2 SWITZERLAND 在兩家人氣最盛的公眾溫泉中心體驗人生樂事
洛伊克巴德溫泉浴場、洛伊克巴德阿爾卑斯溫泉浴場

　　住在溫泉區，不管自己旅館有沒有私人溫泉，鎮上兩家人氣最旺的大型公眾溫泉中心，才是重點體驗的地方。如果只住一個晚上，最棒的體驗方法，就是充分利用兩天時間，輪流走進這兩家溫泉泡一泡，再讓自己前往下一站！

❋ 近在咫尺的山景

　　洛伊克巴德溫泉與洛伊克巴德阿爾卑斯溫泉浴場，兩家風格完全不一樣的溫泉中心，同樣是男女共浴及需要穿著泳衣，有露天亦有室內浴池，同樣以奇美壯觀的蓋米山景為大背景，可以一邊泡一邊欣賞阿爾卑斯山景，感覺超爽。因為小鎮位於山谷盆地之間，兩旁的群山十分近，因而造就群山彷彿近在咫尺的感覺，泡溫泉時可以把蓋米溢口的每一塊奇特石塊都看得清清楚楚！

❋ 兩家溫泉館費用約 25 瑞朗

　　兩家溫泉館別坐落在小鎮的兩邊，遙遙對望。從小鎮巴士站步行，前者只需要數分鐘，後者也只要十分鐘，很方便。收費方面，兩家的大人費用接近，大約 25 瑞朗（限時三小時），如需要借用毛巾便要另外付款。旅客付款後，便有一隻裝有電子感應器的手帶，進出館便是依靠它。

❋ 熱鬧的氛圍、適合一家大小一起體驗的洛伊克巴德溫泉浴場

　　我們先去洛伊克巴德溫泉浴場，是整個鎮最大規模的。當走在大街上，從外圍便會見到彎彎曲曲的溫泉滑水梯，一片青年人或小孩子歡天喜地的聲音，便知道這家是以家庭客為主。

左│洛伊克巴德溫泉浴場正門，是此區最大的公眾浴場，距離巴士站數分鐘的路程。右│此館以家庭客為對象，還有滑水道、游泳池、親子池等等。

洛伊克巴德溫泉浴場的露天溫泉池最受歡迎，經常聚滿最多
人。到訪當天，遇上下雪天，濃霧四處，大家紛紛轉移陣地，
未到中午已有大量旅客進去泡溫泉。

洛伊克巴德溫泉中心

洛伊克巴德溫泉浴場以家庭客為對象，還有滑水道、游泳池、親子池跟各種水療設備，在這泡上三個小時，絕對是超舒服超享受！

　　此館設有十多個不同特色、溫度及作用的溫泉池、游泳池、大型水上滑梯、健身房及餐廳等等，足以消磨半天的時間。可以看到山景的露天溫泉池自然是最熱門，既有可按摩身體不同部位的活力池，也有如按摩床般寫意的放鬆池。至於適合小朋友暢玩的溫泉樂園，不但備有兒童遊樂設施，更有溫泉滑水梯，特別受到帶著年幼小朋友的父母的歡迎。

　　本來因為冬天是旅遊旺季，泡溫泉的人變得比較多，又加上天氣不好而令大量旅客放棄上山改為湧進溫泉館，所以我們到訪時，除了寧靜的休息區，每一個池都擠滿人、每一個池都超級熱鬧，完全是人滿為患的情形，對於希望靜靜享受泡湯和欣賞山景的人，真是始料未及。

❋ 充滿古雅氣息的洛伊克巴德阿爾卑斯溫泉浴場

　　洛伊克巴德阿爾卑斯溫泉浴場並沒有兒童設施，置身於羅馬風的浴場才是引來大量捧場客的主因。至於正對著壯麗山巖絕景的露天泳池，更是叫人心動，特別是冬日整個山頭都會披上皚皚白雪，對著如此美景浸溫泉，確是人生樂事。

　　說實在，因為我們是沒有小孩同行，如果只有一次在此鎮泡溫泉的機會，我會選擇洛伊克巴德阿爾卑斯溫泉浴場。

❶ 洛伊克巴德阿爾卑斯溫泉浴場的室內浴池。
❷ 洛伊克巴德阿爾卑斯溫泉浴場的外觀。
❸ 電子感應手帶，是進出浴場時使用。
❹ 更衣室的儲物櫃。

洛伊克巴德阿爾卑斯温泉浴場

一邊在噴氣按摩浴缸或蒸汽浴放鬆身心，一
邊欣賞著環繞洛伊克巴德壯美的蓋米岩石區，
此樂何極！

藍天、雪山、白雲，還有冒著熱氣的溫泉，這真的是神仙般的享受啊！

下著雪花，在雪山裡把自己浸泡在溫泉裡更是別有一番韻味。

info box

洛伊克巴德旅遊局：www.leukerbad.ch
洛伊克巴德溫泉浴場：www.leukerbad-therme.ch
洛伊克巴德阿爾卑斯溫泉浴場：www.alpentherme.ch

7-3
SWITZERLAND

在廣闊的高原展開零失敗的雪橇體驗
蓋米隘口　Gemmi Pass

雖說洛伊克巴德鎮是著名的溫泉小鎮，卻好像純淨的溫泉水一樣保持著淳樸的面貌，樸實的傳統木屋深嵌在山谷中和山坡上，也沒有繁華熱鬧的購物街。

❄ 十分輕鬆程度的

前面文章已介紹過策馬特及薩斯斐的雪橇體驗，本文是要分享最後一段的雪橇體驗。洛伊克巴德鎮只有一個雪橇場，它有兩個特點，值得推薦給玩雪橇經驗較淺的旅客。首先它是十分輕鬆的程度，比起薩斯斐的那一條更容易掌握；第二，雪橇站提供多種不同的雪橇給旅客選用，這次我們可以使用比較容易操控的現代化雪橇！

❄ 此鎮的兩個山區景點

座落於山谷盆地間的洛伊克巴德鎮，旅客除了在鎮上泡溫泉，還可坐上纜車登上兩個山區景點，分別是蓋米隘口（2350 米）與 TORRENT 滑雪區（2270 米），顧名思義後者是滑雪區，擁有總長 25 公里的多條滑雪道。如果想體驗雪橇、雪地健行和鐵索攀岩等等，那便是要去蓋米隘口。

| 我們正前往蓋米纜車站，天氣好時可看到山谷景色。　| 上行的蓋米纜車，下方是小鎮。（官方圖片）

在蓋米觀景台可觀看到山谷盆地間的整個小鎮，景色優美。

懸崖邊緣處的蓋米纜車站、觀景台及餐廳

❄ 古羅馬人利用溫泉水為士兵治療傷口

　　蓋米隘口的背景歷史原來很久遠，根據在那區發掘到的文物，指出古羅馬人曾經從伯恩洲中部經過蓋米隘口而走到洛伊克巴德鎮，他們又因為知悉此地的溫泉水含有豐富礦物的治療功效，因此興建浴池；及後，他們再深入瓦萊州的其他山谷，隨之而後，軍隊、朝聖者和商人都沿著他們的路線紛至沓來。由於古羅馬人利用溫泉水為士兵治療傷口，歷史廣傳以吸引名人慕名而來，諸如歌德、馬克‧吐溫、大仲馬、畢卡索及列寧等等也曾到此。

❄ 福爾摩斯死前路過此蓋米隘口

　　再延伸分享一個有趣的背景，就是在世界推理小說名著《福爾摩斯》系列的《最終的案件》中，蓋米隘口曾經出現過，福爾摩斯與華生就是經過此處然後前往邁林根（MEIRINGEN）與宿敵展開最終的決鬥。福爾摩斯與宿敵莫瑞亞提教授雙雙跌入了賴興河瀑布（REICHENBACH FALLS）的深淵裡，成為最終回的場景。那瀑布位於伯恩州的羅森勞伊冰川峽谷（GLACIER GORGE ROSENLAUI），屬於國家級的自然景觀。

此乃蓋米隘口的官方地圖，充滿童趣味；雪橇、雪地健行等等的活動，就在面積廣大的米蓋高原上進行。

這洛伊克巴德鎮與一字排群峰組成的夜景，非常
迷人。大概只有在米蓋的高山旅館住上一夜才能
看到啊！（官方圖片）

❉ 高山旅館的一泊二食

說回蓋米纜車站，其位置並不在鎮上旅客中心的附近，旅人需要走到小鎮的另一端，依著地圖及指示牌很容易找到。登山纜車載我們去到海拔 2350 米的蓋米觀景台，在懸崖上還設有 WILDSTRUBEL 餐廳及旅館。我們曾經住宿過這種位於高山上的旅館，纜車通常是唯一交通工具；凡是入住這種四周沒有其他餐廳或商店的高山旅館，都是採用一泊二食的形式，住客的晚餐與早餐都是旅館餐廳的提供，比如 WILDSTRUBEL 旅館的價格，是每位成人收費為 90 瑞朗起跳，除了住宿及兩餐外，還附贈來回的纜車票，兩人即是 180 瑞朗，看起來不錯啊！

❉ 全瑞士最長的鐵索攀岩路線

蓋米的觀景台在陡峭懸崖上建設的，旅客可觀看到整個蓋米山壯麗全景，以及一覽腳下 900 米的小鎮景色。就如之前所說，當天我們一直都在濃霧和飄雪下來往景點與小鎮，基本上一點景色也無法觀看到，不過上行的纜車將要到站的時候，我們從一片濃霧裡還是發現到觀景台下的山壁上竟有一道長長的「旋轉的金屬梯子」，那是由幾道梯子連結而成，原來這個陡峭的山壁也是鐵索攀岩的地方，參加者是從山壁某點開始攀爬，以及沿著梯子上升至觀景台。「旋轉的金屬梯子」是鐵索攀岩其中一個特別攀爬關卡，我們早已看過其圖片，可惜還未親身體驗。

❉ 梯子長度的總長度

蓋米的鐵索攀岩跟我們在薩斯斐的不一樣，這裡只能在夏天進行，而且共有八條不同難度的攀爬路線組成，簡單的路線需要約兩小時，這是適合一般旅客參加，更長的動輒便要花上八、九個小時，全部路線組成是為「全瑞士最長的鐵索攀岩路線」，「旋轉的金屬梯子」及「垂直的金屬梯子」合計的總長度為 216 米，相當驚人的數字啊，我們剛才見到的只不過其中一小段而已！

❶－❷ 蓋米的鐵索攀岩是全瑞士最長的鐵索攀岩路線，這兩幅圖是參加者攀爬在山壁上及行走在不斷移運的懸吊式橋板上。❸ 高原的美麗湖泊，夏季期間深受旅客的喜歡，很多人來此地來一趟輕鬆易走的健行。

左｜我們在纜車裡拍攝到的，清楚地看到那旋轉的金屬梯子，參加者是從下方攀爬上去，以觀景台為終點。這一段是整條鐵索攀岩路線的一小部分，而且比較簡單，我想還有許多難度更高的關卡我們還未看到，都被白雪覆蓋了。右｜另一角度的旋轉的金屬梯子（官方圖片）。

全部的雪地活動都在廣闊高原上開始

　　觀景台後方是一個起伏不多的廣闊高原，全部的雪地活動都在那兒開始。我們手上也有一份夏天地圖，原來這裡還有高山湖泊，不過這時候已經結冰和完全被白雪覆蓋；正因為平緩地形便不適合規劃成為滑雪場，反而成為雪地健行、雪鞋健行、雪橇道等等的好場地。

❄ 各式各樣的雪橇任君選擇

　　這裡雪橇站很好，提供了為數不少的多種傳統木雪橇和現代化的雪橇任君選擇，有些是適合兩人一起玩的大型雪橇、有些專為小孩而設計的⋯⋯看著各式各樣的雪橇我真想逐一坐上去體驗啊！此外我又發現到雪橇的彎曲度各有不同，到底是彎曲度愈高，便愈容易加速？還是相反呢？將來有機會，一定要了解一下。

❄ 設有減速裝置的現代化雪橇

　　我們這次使用了重量較輕的現代化雪橇，而且有腳踏；雪橇的繩子不是用作減慢速度，如果是傳統的雪橇，玩者只能依靠雙腳放在雪地上減速。導遊知道我們在策馬特的雪橇道吃個苦頭，便提示這雪橇是有可減慢速度的裝置，藏在雪橇前方，一旦大力往後拉動它，再加上雙腳的話，便能夠更快更有效的減速。

❶ 雪橇場提供多種雪橇供人選用。❷ 木製雪橇。❸ 金屬製雪橇。❹ 這是設有減速裝置（白圈）及腳踏（紅圈）的雪橇。

❄ 不存在掉落山坡的危機

　　蓋米與薩斯斐的雪橇道同樣不太陡斜，都是輕鬆易玩的程度，前者更適合第一次玩雪橇的原因，就是它有兩條雪橇道，分別是 1 公里及 1.5 公里左右，均是一條幾近筆直的雪橇道，所以玩者不用顧慮到轉彎時很容易失控的問題。還有，這兩條都是在高原上的雪橇道，而且十分寬闊，根本不存在像策馬特和薩斯斐的雪橇道萬一失控便有衝出界線而掉落山坡的危機，沒有這個重大擔憂，對於從未體驗過的玩者是不是安心許多呢？

　　設有減速裝置的雪橇，再加上不陡斜、不用轉彎的寬闊雪橇道，以及適量地控制速度，我們來回玩了好幾趟，完全是零失敗！

超廣闊的雪橇道，而且又不陡斜；也不用擔心失控掉進山坡，因為根本沒有山坡；絕對可以玩得安心又暢快！當滑行至下方的終點，玩者可坐上小纜車回到起點，馬上再玩！

info box

蓋米觀景台：www.gemmi.ch/home
賴興河瀑布：www.rosenlauischlucht.ch

8-1
SWITZERLAND

牽著一臉憨萌模樣的瑞士國犬一起健行

聖伯納犬 Saint Bernard dog

　　規劃瑞士之旅時，連續美景之間，不妨安排不一樣的景點，瓦萊州便有一個很特別的療癒系景點，大人小朋友都喜歡的不得了！

　　提到瑞士的可愛動物，大家除了在高山區都會遇見頸掛鈴鐺叮噹響的牛群，以及討人喜歡又不害羞的薩斯斐土撥鼠外，體型壯碩配上一臉憨萌模樣的聖伯納犬（SAINT BERNARD DOG）也同樣為大家所熟悉。當我們親眼見到聖伯納犬的咧嘴微笑，再加上那副憨厚神情，真是逗得我倆開懷大笑的直呼：「好萌、超級可愛！」（補充：冬天時，牛群回到農場內、土撥鼠在冬眠，旅客們唯獨可以親近到的是聖伯納犬。）

❄ 聖伯納犬的繁殖飼養基地

　　馬蒂尼鎮（MARTIGNY），距離下一篇文章的韋爾比耶很近，想去夏慕尼（CHAMONIX）的旅客也會在這裡換車，重點是這裡有聖伯納犬之家——巴利基金會（BARRY FOUNDATION）的巴利博物館（BARRYLAND）。

　　記得在伯恩章節裡，我們介紹過伯恩自然歷史博物館的巴利展廳嗎？那處展示了巴利的遺體標本及生平故事，可是本文的巴利基金會除了有聖伯納犬的相關展覽外，最大的亮點的是它其實是聖伯納犬的繁殖飼養基地，目前固定居住了 30 多隻的聖伯納犬，旅客更可預約親近牠們，甚至一邊散步一邊欣賞阿爾卑斯山的動人風景！

❶ 巴利博物館，是全瑞士繁殖飼養聖伯納犬的主要基地，坐火車是在 Martigny Bourg 站下車。❷ 基金會正門（官方圖片）。❸ 旅客可從馬爾蒂尼火車站（Martigny）轉車到 Martigny Bourg 站。

聖伯納犬喜歡與人接觸，依戀人並且能夠和人共事。據說全瑞士只有六百隻的聖伯納犬，位於山區中的大聖伯納德隘口修道院一直都是繁殖飼養著這種英雄犬。

2005 年，位於馬爾蒂尼鎮的巴利博物館，成為此犬的最主要飼養基地。新繁殖基地是一年四季都會開放，大大方便人們來探訪聖伯納犬。

❄ 聖伯納犬的介紹與趣味故事

　　那天，我們坐火車來到 MARTIGNY BOURG 站，甫下車即見到兩隻大大呆呆的聖伯納犬在月台默默地等候著，真的不相信自己雙眼，嘩，超級的意外驚喜啊！

　　生平第一次見到瑞士國犬，看著牠們高大英武的、又帶點蠢味的憨厚模樣，而且牠們又很親近我們，好像早已認識一樣，任誰都會第一時間喜歡上牠們！就這樣，巴利基金會職員和馴犬師帶著牠們，與我們散步去到巴利博物館，展開這次充滿歡樂的採訪瑞士國犬之行。

我們溫柔撫摸著狗狗的絨毛，看著那一臉憨萌的神情，真是很療癒啊！

大聖伯納德隘口修道院

聖伯納犬之起源與巴利的英雄事蹟

以雪地救援而聞名於世的聖伯納犬，壽命大概 8-10 年，身高 70-90 厘米，大狗的體重在 65-100 公斤左右，是當今世界上的超大型犬隻之一。

❄ 大聖伯納德隘口修道院

海拔 2469 米的大聖伯納德隘口（GREAT SAINT BERNARD PASS），連接著瑞士的馬爾蒂尼和義大利的奧斯塔（AOSTA），一直是來往兩國的主要通道，可是那處常常發生變幻莫測的惡劣天氣及雪崩意外。11 世紀時，那處建有一座大聖伯納德隘口修道院，修道士們除了日常的宗教工作外，也幫忙迷路或受傷的旅人。

根據文字紀錄，17 世紀開始，修道士和當地的嚮導開始飼養非常強壯的大狗，並讓牠們雜交，初始時當然還未稱為「聖伯納犬」。牠們是協助運載補給品，直到 1750 年後才慢慢成為山區的搜救狗。

❄ 大聖伯納德隘口位於兩國邊界

現今，大聖伯納德隘口實際已是瑞士及義大利交界，那處有一座大聖伯納德湖（GREAT ST BERNARD LAKE）是兩國交界；由馬蒂尼鎮去大聖伯納德隘口，約 1 小時 30 分鐘的車程（後文會有說明）。此外，同一批修道士亦在附近的小聖伯納德隘口（LITTLE SAINT BERNARD PASS）建有另一座修道院以及飼養同一類犬，那處則是瑞士及法國的交界。兩座修道院其實很接近，不過以前者較為出名，其中原因是巴利來自前者。

伯恩自然歷史博物館的巴利展廳：巴利故事的插畫，右幅是巴利被殺的一刻。

❄ 世界上最出名的狗隻傳奇故事之誕生

　　眾多聖伯納犬的英勇救人事蹟中，最為人們津津樂道是巴利，牠也可能是世界上最出名的狗隻之一。巴利於 1800 年在大聖伯納德隘口出生，成為搜救狗在雪地拯救過 41 人的性命。有一回，牠嗅聞著味道，找到了一個睡在冰洞裡的小男孩。巴利不停地舔舐小男孩以及用自己的體溫去溫暖他，等到其身體足夠暖後，牠拱著男孩將他轉移到自己的背上，慢慢走回修道院。

巴利基金會：聖伯納犬救人的老照片（白色長方格是被救者）。

　　關於巴利的死法有許多版本，流行的說法之一是第 41 位被救者是一位拿破崙軍隊士兵，巴利被他誤以為是一隻狼而遭刺殺⋯⋯從此，這個彷彿英雄神話的事蹟，便一直在瑞士的家家戶戶流傳起來。

早期修道院的狗只是看門狗，直到 1750 年，有一回修道士牽著狗狗出去的時候，發現牠們憑著敏銳的嗅覺居然能找到被埋在雪地裡的受困者。從那以後，牠們就成為了「阿爾卑斯山搜救犬」。

瑞士這個山國，幾乎都是高山峻嶺，過往科技
不發達的時代裡，聖伯納犬的靈敏天性往往在
救援行動中發揮關鍵性的作用。

聖伯納犬是瑞士的特別象徵，在 1887
年被封為「瑞士國犬」。

❄ 神話的背後

　　巴利的真實故事當然沒有這麼戲劇化，巴利基金會職員跟我們逐一地說明：「聖伯納犬佩戴的裝滿烈酒的小木桶，修道院的歷史文件指出當時養飼的犬隻是『沒有掛著小木桶的』。事實上，那個小木桶就像一個標誌、一個品牌，人們看到它，就會馬上知道眼前這隻棕色和白色相間的狗，就是大名鼎鼎的聖伯納犬！」

　　她又接著笑說：「另外，巴利使用自己的體溫去溫暖小男孩、然後背他回去修道院這個感人情節，以當時聖伯納犬的智力及體力來說也是不太可能的事情。至於巴利被士兵誤殺亦不是真實的，雖然那時候當地確實有狼群出沒，不少人受襲，但不得不說，這個悲慘版本的結局的確在二百年間，令無數大人小朋友留下深刻的印象。」

❄ 巴利在伯恩安祥離世

　　事實上，巴利在 12 歲時因為年老力衰便移居去伯恩，居住在設備和環境更好的新居裡，兩年後便安祥地離開了人世間。巴利的皮膚被製成了標本，存放於伯恩自然歷史博物館裡，而軀體被埋藏了。牠的標本還有一個有趣的伏筆，在最後另有解說。

　　數百年來，聖伯納德隘口修道院的修道士及聖伯納犬，總共拯救超過 2000 名旅人。聖伯納犬其後也移居於英國、法國、德國、義大利等等，在各國均享有盛名。

❶ - ❺巴利基金會：介紹了大聖伯納德隘口修道院的修道士生活、百多年來的救援工作與聖伯納犬的生活情況。

繁殖聖伯納犬的新基地

聖伯納犬之家——巴利基金會於 2005 年成立，資金來自私人捐助，是瑞士聖伯納協會（THE SWISS SAINT BERNARD CLUB）的成員及非營利機構。此會在馬爾蒂尼鎮開設的巴利博物館，接替大聖伯納德隘口修道院的工作，成為瑞士繁殖聖伯納犬的主要基地。此館全年都開放，參觀者們可以觀賞到聖伯納犬、也可以和牠們近距離接觸和嬉戲。

❄ 居住 30 多隻聖伯納犬

目前此館擁有的聖伯納犬有 27 隻母狗和 6 隻公狗，在官網顯示牠們的資料，其中一隻公狗以「巴利」命名；聖伯納德隘口的傳統聖伯納犬特徵之一是短毛型，基金會也維持此傳統特徵，只有數隻是長毛型。

❄ 特別關注聖伯納犬的體重

由於牠們屬於體型巨大的犬隻，其體重需要特別關注，飼養員會嚴格控管食物類型和份量，以確保牠們不會超重。牠們的主食是含有豐富礦物質的狗糧，每天約 600-800 克，進食次數亦有特別安排，比如每天餵養六個月大的幼犬三到四次，而六個月或更大的狗便每天進食一至兩次。另外母狗也有吃食鮮肉的時候，就在懷孕快臨產時便要餵食鮮肉，因為生產後，牠們要吃掉臍帶，怕牠們不習慣，所以先餵鮮肉適應一下。

❄ 每年平均有 20 隻新生犬

此館每年會安排兩次或三次的生產，每年平均迎接 20 隻左右幼崽的出生，比如 2018 年便有兩次生產，合計共有 17 隻新生犬誕生。而 2017 年卻破紀錄喜得 41 隻新生犬，共四次生產。職員都會在官網和社交網站上分享新生犬出生的喜訊，好讓國內或外地的聖伯納犬粉絲第一時間知道。

❄ 提升適應能力

我們來到之時，剛好遇上有一隻小聖伯納犬，大概 8 個月大，在訓練室接受社會化訓練，目的是讓牠接觸不同的東西，提升其適應能力，便於日後的馴化和飼養。我們便趁機入內參觀，並且跟超級可愛的小聖伯納犬打招呼、擁抱一下。

官網可看到基金會內的 30 多隻聖伯納犬的圖片及介紹，包括名字、出生日期、父母名字及特徵等等。另外，新生犬的好消息也會發放，出生日期及數量等等。

小聖伯納犬在訓練室接受社會化訓練，目的是提升其適應能力。

❄ 搖身一變成為快樂大使

目前，聖伯納犬不再負責救人工作，最後一次救援出動是1955 年，一方面因為現今科技已很發達，不再需要搜救狗，另一方面牠們體重超過 100 公斤，直升機無法把救援員和聖伯納犬一起放下去又再拉回去。因而牠們「轉換工作」，搖身一變成為快樂大使，職員會帶牠們去療養院、老人院等等，透過撫摸、遛狗等不同主題活動，為大家帶來更多快樂。此外，牠們也會去學校，職員藉此教導小孩子如何正確地與狗隻相處等等。

❄ 最少每天能有 1 小時和狗散步

剛才提到每年有 20 多隻新生犬誕生，牠們何去何從？基金會會為牠們找新的主人，感興趣的人可以申請，每隻小狗約2400 瑞郎。巴利基金會職員跟我們說：「每年申請的人都有很多，我們主要考量申請者每天可以有多少時間陪狗？因為牠們是一種需要非常親近人類的狗，我們期望申請者至少每天能有 1 小時和狗一起散步。」

❄ 認養聖伯納犬

愛狗的人還可以認養聖伯納犬，每年費用分為 360、600、1200 及 2400 瑞郎，認養者可以優先預約探望他們的狗，跟牠們拍照和帶牠們外出散步。職員又說：「有些認養者只捐錢，從不來探望；有些人本身因為工作太忙便不申請購買，便

選擇認養，然後每當有空就來探望，即使看一看，他們也感到無比的滿足！」另外，有些捐款者，根本不是愛狗之人、甚至怕狗，不過他們認為聖伯納犬是瑞士文化很特別的一部分，便樂於解囊。

❶-❷ 聖伯納犬已搖身一變成為快樂大使，會去療養院、老人及學校院等等，透過不同主題的活動，為大家帶來歡樂。
❸-❺ 館內出售多種可愛的聖伯納犬產品，從毛絨玩具到郵票、到各種日用品，每一種很有吸引力，很想把它們全部帶回家！

❄ 聖伯納犬的居所

觀看聖伯納犬的居所是此館的其中一個亮點，每一個居所就是一間陽光充足的房間，通常可容納一隻大狗和幾隻小狗，旅客可以透過玻璃觀看到牠們的生活情況，通常大狗閒適地在地板上睡午覺或是靜靜的散步，但是那群小小的新生犬，看著牠們有點笨拙、又無紀律、再加上俏皮和慵懶、嬉鬧吃奶，真是超級可愛，很想衝進去擁抱牠們！

居所有一個出口，牠們可以隨時走出去，夏季時戶外空間是一大片青草地，是牠們的「樂園」；牠們最愛沐浴在陽光中或是在草地上奔跑。

❄ 與聖伯納犬一起去健行

此館為了滿足旅客能夠親近聖伯納犬的願望，還會安排不同主題的活動，比如拍照活動，可讓旅客親近牠們和合照。更親近的體驗就是夏天和冬天均有「與聖伯納犬一起去健行」的活動，冬天健行的參加者可以牽著牠們在附近的小鎮散步，小朋友還可以坐在由牠們拉動的雪橇上，全程約 45 分鐘，詳細可參考官網及報名。

❄ 每隻聖伯納犬負責不同的工作

牆上張貼了犬隻的介紹，旅客除了可以知道牠們的名字、體重、每天的食量、外觀特徵等等基本資料外，還可了解牠們的性格，一般而言牠們大多很友善，但也有些偏向，比如有些善於社交，便寫上「SOCIABLE」、有些比較好玩和活潑，則寫上「PLAYFUL」。

❄ 牠們的工作多元化和充實

牠們負責的工作也有列明，例如有些專門是去學校或老人院、有些又會負責拉雪橇或小卡車、跳舞、尋找東西及陪同旅客一起健行等等；此外，一些特別憨萌或可愛模樣的聖伯納犬，還要肩負「模特兒」一職，專門參與拍攝活動或影片製作，在火車站等候我們的那兩隻聖伯納犬就是模特兒。可見牠們雖然不再是山區搜救犬，生活依然十分充實，而且變得多元化。

❶-❹ 聖伯納犬的居所，旅客可觀賞到牠們的生活情況。❺ 居所有一個出口，牠們穿過後可在草地上散步。

聖伯納犬每日至少需要散步 1 小時，在屋內、戶外均需要一定的活動空間。屬於家庭犬，經挑選馴養可成為運動、工作犬。

大聖伯納德隘口的旅遊規劃

　　夏季，大部分的聖伯納犬暫別馬爾蒂尼鎮的巴利博物館，回到大聖伯納德隘口的發源地，所以那時候，許多聖伯納犬的體驗活動，諸如上面介紹的「與聖伯納犬一起去健行」的活動，都是在那山區中進行的。

❄ 前往大聖伯納德隘口

　　如何前往大聖伯納德隘口？旅客可參考聖伯納德隘口區旅遊局網站，這區覆蓋了 ORSIÈRES 和 LA FOULY 等等幾條小鎮，以及大聖伯納德隘口。旅客從馬爾蒂尼鎮出發的話，需要乘坐火車及郵政巴士，約 1 小時 30 分鐘，在 SBB.CH 輸 入「MARTIGNY → BOURG-SAINT-PIERRE, GROSSER SANKT BERNHARD PASS」便可找到詳細的交通資訊。

❄ 大聖伯納德湖

　　大聖伯納德隘口（海拔 2469 米），是瑞士及義大利的交界，有一個稱為大聖伯納湖（GREAT ST BERNARD LAKE）。郵政巴士的停車地方，就是湖邊的大聖伯納德隘口修道院與一座瑞士旅館。修道院目前已成為博物館，稱為 GREAT ST. BERNARD HOSPICE MUSEUM。夏天時，在馬爾蒂尼鎮的聖伯納犬，就是回歸於此，享受夏日山區的美好時光。

❄ 與聖伯納犬在阿爾卑斯山美景風光中健行

　　大聖伯納德湖泊不算大，旅客沿著湖邊行走，大概走到一半便不知不覺間進入義大利國境，與修道院對望著的位置，有一座義大利旅舍。至於旅客和可愛的聖伯納犬健行的路線，就是在湖泊兩邊的山坡上進行，相信定是一段難忘又歡樂的瑞士旅行回憶！

❄ 拿破崙領軍越過此隘口打敗義軍

　　最後一提，大聖伯納德隘口，東北西南延伸並橫跨阿爾卑斯山，長久以來是連接著瑞士和義大利的主要通道，歷史上較為著名的一件事也發生在這裡，就是法國皇帝拿破崙一世（NAPOLEON BONAPARTE I）在 1800 年親自率領大軍經過此隘口，橫越阿爾卑斯山便進入義大利，並打敗其軍隊。

❶ - ❹ 夏天限定的健行活動，旅客與聖伯納犬在發源地一起健行，欣賞阿爾卑斯山的怡人風景。

聖伯納犬小檔案

原產地：瑞士　　**壽命：**平均 8 歲。

高度：公犬至少 70 厘米高；母犬 65 厘米以上。

重量：公犬至少 85 公斤；雌性犬 50-70 公斤。

皮毛：分為長毛和短毛犬，傳統的聖伯納犬是短毛犬。

數量：目前在瑞士只有 600 多隻，屬於較稀少物種，平均每年有新生犬 100 隻。

現今和早期的聖伯納犬之大不同

「SAINT BERNARD DOG（聖伯納犬）」這個官方名字在 1880 年才確認及統一下來，在這之前，SAINT DOGS、NOBLE STEEDS、ALPENMASTIFF 及 BARRY DOGS 也是常見的稱呼。1887 年，聖伯納犬在國際犬隻大會上，作為瑞士的一個品種得到國際性的正式認可，從此被確認是瑞士國犬（SWISS NATIONAL DOG）。

聖伯納德隘口修道院的飼養救生犬是雜交犬品種，外觀、高度及體重等等都沒有統一的標準，直至 19 世紀中期，這種雜交犬因應市場的需求，開始輸出到英國、義大利等多國，甚至遠至美國，人們開始關注牠們的外觀。當時英國人特別喜歡大型犬隻，而且又願意付出高昂價錢，所以牠們的體型與頭部逐漸變大，據說當時流行一種說法：「越大越好！」

以當時輸出到英國的聖伯納犬為例，一隻大狗可以重達 95 公斤及高度 80 多厘米。根據《健力士世界紀錄大全》，1981 年在美國的一隻聖伯納犬的體重破了世界最重犬隻的紀錄，體重為 143 公斤。

❄ 巴利的標本因應潮流而改動

至於，旅客們在伯恩自然歷史博物館觀看到巴利的標本又是怎樣呢？答案：「標本在 1923 年作出了改動！」這個說明在展廳裡都能找到。大概是這樣：原始的巴利外觀並不符合當時大眾的期望，博物館因而作出兩個改動，第一是牠的頭部被增大了，原本的頭骨被放置在旁邊的展櫃中展示；第二是四條腿被增長了約 10 厘米，基金會職員告訴我們：「只要仔細觀察，便可以觀察到顏色是略有不同啊！」

巴利的標本被增高後，現時高度為 64 厘米，再加上以前低垂的頭部都揚了起來，這樣看起來更有英雄氣概和貴族氣質。根據紀錄，巴利生前的體重為只有 40-45 公斤之間。

BARRY

info box

巴利基金會 - 聖伯納犬之家：www.fondation-barry.ch
聖伯納德隘口區旅遊局：www.saint-bernard.ch
大聖伯納德隘口修道院：www.gsbernard.com

本頁圖片是伯恩自然歷史博物館的巴利標本。
❶ 巴利的最原始頭骨，在現場觀看時可以發現這個相對標本的頭骨是略小一點。
❷ 巴利標本的頭部正面。
❸ 聖伯納犬的頭骨模型，上面是早期標準的，下面是現今標準的，一看便知道，增大了不少。
❹ 標本的全圖，除了頭部，四條腿也是被增高了。

8-2
SWITZERLAND
走進瑞士最大滑雪區、登上海拔 3328 米的福特山

韋爾畢耶 Verbier

　　經歷蔚藍晴天與大風大雪輪流交替、看過數不盡的難忘又迷人景色後，不知不覺來到最後一章，瓦萊州西南邊的韋爾畢耶（VERBIER）與馬爾蒂尼（MARTIGNY）這兩個地方，一個是全瑞士最大的滑雪區，一個是關於充滿傳奇色彩的瑞士國犬：聖伯納犬，為全書劃上美麗的句號。

❄ 往西邊的法語區走一走

　　從布里格出發前往韋爾畢耶，只需大約兩小時；若以我們坐飛機抵達蘇黎世國際機場來看的話，這兩個地方算是最偏遠的。不過換上另一個角度來看，她們已經坐落於日內瓦湖東岸附近，時間更多的話，再安排去到西邊的法語區走一走，其實會是另一個很棒的安排，比如蒙特（MONTREUX）、洛桑（LAUSANNE）及日內瓦（GENÈVE）通通都值得走一回。

❄ 瑞士最大的滑雪區

　　還記得前面介紹的幾個知名滑雪區中，你可否留意到哪一區的滑雪道總長度是最長？本章之前，我以為策馬特 360 公里的滑雪區已經很厲害，可是來到韋爾畢耶，便知道人外有人、山外有山，其總長度竟有 412 公里之多，堪稱瑞士的最大滑雪區，也名列歐洲第二大的滑雪區！

韋爾畢耶及周邊的總滑雪道長達 412 公里，坡度最為陡峭的雪道長度達 8 公里，深受自由滑雪愛好者喜愛！

福特山（Mont Fort）位於韋爾畢耶鎮上面，是此區的最高山峰，此山山腳下的 Cabane du Mont-Fort（2457 米），為百年歷史的高山旅館，自 1983 年起一直由導遊 Daniel Bruchez 和他的妻子 Frances 經營，旅館的全景餐廳可欣賞到雄偉的山脈，深受旅客歡迎。

3

此為接駁山腳火車站和韋爾畢耶鎮的第一段小型纜車。

❄ 置身於四個山谷中

在旅遊資訊或地圖等等，都會見到「VERBIER」下面有「4 VALLÉES 」，VALLÉES 是法語，就是英文的 VALLY （山谷）的意思，可見我們已經身處於瑞士的法語區，聽到的對話或閱讀的文字都會出現不少法語。瑞士官方語言是包含：德語、義大利語、法語及羅曼什語。

還有，「4 VALLÉES」是四個山谷的意思，包含 THYON、VEYSONNAZ、NENDAZ 及 VERBIER，其中以韋爾畢耶山谷（VERBIER）最為著名，佔地最廣，重點是四山谷中最高的觀景區就從韋爾畢耶山谷開始登上去，因而韋爾畢耶鎮吸引遊客的數量也會最多。

❶ 旅客首先坐火車站來到山腳的勒沙布勒站（Le Chable），然後換乘第一段纜車去到山腰的韋爾畢耶鎮。
❷ 此乃第一段纜車，沿途見到建於山坡上的木房子。
❸ 第一段纜車載旅客來到韋爾畢耶鎮，下車地方是此區的核心地方，旅客可在此進入小鎮或坐巴士前往其他小鎮，又或者馬上換上第二段纜車繼續上行，直至登上福特山山頂。此核心地帶十分熱鬧，尤其是早上八至九點左右，擠滿超多滑雪客，需要排隊大半小時才能上車。

登上福特山的最後一段纜車。

　　所以上面說到，此區有 412 公里的滑雪道，意思是這四個山谷滑雪道的總和。季節轉換，這 412 公里的滑雪道，在夏天則變成 400 公里長的健行步道和爬山單車的路線。

　　此區因其地理位置和高山低谷的環境，因而不少大型體育賽事都在此舉行，比如滑雪世界盃（SKI WORLD CUPS）、滑翔風箏世界錦標賽（PARAGLIDING WORLD CHAMPIONSHIPS）、世界青年滑雪錦標賽（JUNIOR SKI WORLD CHAMPIONSHIPS）、環瑞士單車賽（TOUR DE SUISSE）以及環法單車賽（TOUR DE FRANCE）。

即使還未抵達最高的觀景台，就在韋爾畢耶鎮上坐上第二段纜車途中，一大片密密麻麻、數不盡的房子佔滿整個山區，再加上一重又一重的群山延伸至看不盡的遠方，組成的景色非常棒啊！（不要以為圖中右下方是山腳的城鎮，那其實是韋爾畢耶鎮，若用「山中小鎮」來形容，那就太看輕看她的規模了！）

❄ 韋爾畢耶絕對是山中大鎮

單從上述文字我是無法想像這巨大滑雪區到底有多大？說實在我以為這裡只不過幾條小鎮而已，大概與之前到訪過的阿萊奇地區的三座小鎮規模接近。

抵達小鎮大街後，旅客便有兩個選擇，一是換乘第二段纜車繼續上行，登上此鎮上面不同高度的滑雪區及整區的最高觀景台。第二個選擇，轉乘巴士前往其他小鎮，便換上其他纜車上山，這部分適合第二次到訪或深度遊覽的旅客。

❄ 俯瞰小鎮全景

我們在旅館放下行李坐上第二段纜車的時候，從車窗外俯看到數不盡的房子，從山腳到山腰的山坡及林木各處都密密麻麻地佔滿了，那一刻就完全改觀，韋爾畢耶絕對是山中大鎮啊！

❄ 登上福特山的路線

對於首次來訪此鎮的旅客，福特山（MONT FORT，3328 米），是此四山谷裡最高的山峰，自然是第一時間要前往的地方。登上去的路線是這樣：韋爾畢耶（1500 米）→ LA CHAUX（2260 米）→ GENTIANES（2950 米）→ MONT-FORT（3330 米）。一路上，每次轉換纜車，都需要大排長龍，每一個站都有大量滑雪客等著坐纜車上行，然後再滑下來，我肯定不少人已經滑行好幾回了。

❄ 重要的中轉站

LA CHAUX（本頁的圖）是重要的中轉站，十分熱鬧，因為除了連接福特山的纜車外，還有通往其他山谷的纜車，可讓滑雪客挑戰不同山谷的滑雪度，基本上對此區熟悉的滑雪客只有持一張「四山谷票」便可以暢通無阻滑行來回山谷之間。

我們到達 LA CHAUX 時已經踏入午後，此處的餐廳已經非常爆滿。我們的導遊是中國滑雪教導李龍龍，剛剛完成半天的滑雪課堂，便與我們會合，一起繼續坐上第三段纜車。

❶ - ❷ La Chaux（2260 米）是中轉站，擁有兩條纜車條，可讓滑雪客挑戰不同山谷的滑雪度。❸ - ❹ 韋爾畢耶的木雕塑，成為旅客的熱門拍照地點。

旅客在 Gentianes 站（2950 米）- 排隊坐上最後一段的
纜車，可遙望到福特山山頂觀景台及 Tortin 冰川。

✳ 纜車飛越 Tortin 冰川登上最高點的觀景台

我們從 La Chaux 站升到 Gentianes 站（2950 米），這裡算是一個高原，另一邊山谷也有纜車來到此地，兩條纜車線的乘客匯聚一起，熱熱鬧鬧。大家在雪地上排隊等候坐纜車時，可遠望到福特山山頂纜車站。

Gentianes 站與山頂之間是一道十分陡斜、覆蓋白雪的山坡，原來福特山周圍被幾道冰川環繞著，其中最大的冰川是西北側的 Glacier de Tortin，Tortin 冰川就是我們眼前看到的那一道積滿白雪的山坡，真是想像不到啊！另一道屬於第二大是位於東北側的 Glacier du Mont Fort。Tortin 冰川的長度為 2.1 公里，佔地面積為 1 平方公里，遠望一下便觀看到一個又一個滑雪客從非常陡斜的自由滑雪道衝下來。

❶-❷ 從不同山谷來到 Gentianes 站的滑雪客準備登上最高點。❸ 最後一段的纜車。❹ 我們和導遊李龍龍一起遙望著福特山山頂。
❺ 纜車升上福特山觀景台途中，飛越 Tortin 冰川，細望一下便看到滑雪客（黑圈）從陡斜的自由滑雪道上滑行下來。

❄ 旅客紛紛步行而上

不到一陣子，最後一段纜車載我們飛越冰川登上終站，步出纜車站便是觀景台，後方還有一段上行的山路，那便是此山真正的最高點（3333米），旅客紛紛步行而上。

❄ 只有陡斜的自由滑雪道

韋爾畢耶滑雪區是以不同難度及斜度的自由滑雪道馳名，就以此山頂來說，只因其山坡十分陡峭，而無法使用壓雪車整理滑雪道，故此觀景台下方只有陡斜的自由滑雪道，就是我們剛才看到那一道，熱愛挑戰的滑雪能手可從山巔順勢而下，一直通往回到小鎮，非常刺激！

❄ 依然目不轉睛地欣賞連綿的阿爾卑斯山脈

雖然旅程一路上看了不少絕美的雪山景色，但對於眼前福特山山頂展現出來巍峨壯闊的群峰景致，我們一點也沒有「又是雪山啊！」的興趣缺缺，依然震撼不已、依然目不轉視地細味欣賞這白雪覆蓋的連綿阿爾卑斯山脈；興致勃勃地在一重又一重群山之間向東望尋找我最愛的瑞士山王馬特洪峰、向西觀望在法國與義大利交界的白朗峰（MONT BLANC，4810米），那就是歐洲的最高之峰。

❄ 推薦夏季限定的日出活動

說到馬特洪峰，記得在策馬特一篇中，我們推薦過「坐上日出特別火車去看黃金日出倒影」，在此山頂原來亦有相近主題的夏季旅行團，稱為「MONT-FORT SUNRISE」，只在七至八月期間每星期舉行一團，比如2018年首團在7月12日，旅客在韋爾畢耶鎮上於早上4點30分坐上纜車，登上山頂去看浪漫的日出。最後一團是8月23日。旅客需於前一天中午12點前付款報名，成人收費為70-90瑞朗不定，包含來回纜車、在高山餐廳享用自助早餐廳等等，詳細可參考旅遊局官網。所以打算在夏天來此鎮的旅客，不妨考慮這個特別的日出登山團，因為福特山頂是沒有高山旅館的啊！

官方圖片

官方圖片

左｜冬季的 Mont Fort 觀景台，可欣賞到白雪覆蓋的連綿阿爾卑斯山脈。中｜夏季的 Mont Fort 觀景台，遠望下方有一個美麗的山中湖。右｜夏季日出時的 Mont Fort 觀景台，7-8 月期間有 Mont Fort 日出團，旅客可坐上特別班次的纜車登頂看日出。

在福特山觀景台下方沒有壓雪車整理過的滑雪道，而是一條十分陡斜的自由滑雪道，像我們剛剛踏入滑雪世界的初級者而言，當然很危險，可是滑雪高手們應該游刃有餘，只見他們輕鬆又俐落地從這山巔順勢而下，體驗著高度落差接近 2000 米的雪道，一直回到小鎮上！

❄ 特別的雪地體驗，乘坐狗拉雪橇欣賞壯美風光

我們行程只有一個晚上在韋爾畢耶鎮上，登上福特山觀景台是第一天的重點，原本還有另一個很特別的活動，是我們從未體驗又非常嚮往的，就是「旅客坐上由雪橇犬拉動雪橇的體驗」。

乘坐狗拉雪橇的體驗必須預約，大約一個小時，旅客乘坐狗拉動的雪橇高速穿過山谷高原，沿途視野非常開闊，用不一樣的角度欣賞銀白色的高山美景。可是此活動臨時出了狀況，當天我們結果無法體驗，只好找來幾幅官方圖片跟大家分享一下。

❄ 嚴格照顧雪橇犬，最多拉動三人

根據旅遊局導遊的分享，「狗拉雪橇」的體驗雖然十分受歡迎，但絕不容許虐狗的情況出現。嚴格規定每個雪橇由一隊 8 隻狗組成去拉動，每趟只能拉 2 名乘客和 1 名駕駛員，最多拉 3 個人，太胖的人也不能坐。而且，牠們每跑完一程，會有至少半小時的休息時間。有興趣的朋友，可瀏覽其官網了解詳情及預約啊！

❶ 我們在中午抵達韋爾畢耶小鎮，這時的大街只見幾個身影，絕大部分旅客們早已登上山谷各處。
❷ 走過圖中的建築物，不要以為只是一般的傳統瑞士旅館，它其實是知名國際酒店集團的 Verbier W Hotel！
❸ 我們的旅館是 Hotel De La Poste，就在大街上，前往纜車站只需數分鐘路程。
❹ 我們旅館房間的陽台可觀看小鎮的全景，此圖及本頁大圖同是攝於陽台。
❺ 「狗拉雪橇」的體驗十分受歡迎。

info box

韋爾畢耶旅遊局及 Mont-Fort 日出團：www.verbier.ch
Cabane du Mont-Fort 高山旅館及餐廳：www.cabanemontfort.ch
狗拉雪橇：www.chiensdetraineau.ch

8-3 SWITZERLAND

學習不使用雪杖以減少對其無意義的倚賴

瑞士最大的滑雪區攻略

跨越四個山谷與九條村鎮的韋爾畢耶滑雪區，海拔 1500 米－3300 米，垂直落差接近 2000 米，雪道總長度為 412 公里，雖然沒有像策馬特及薩斯斐那麼高海拔，卻是瑞士最大、以及歐洲第二大的滑雪區域。

❄ Mont-Gel 才是此區滑雪道的最高點

此區的初級滑雪道有 107 公里、中級有 202 公里及高級 103 公里，最高點為福特山（3330 米），旅客可坐纜車登上去欣賞阿爾卑斯山的 360 度全景（詳見上文），可是因為坡度陡峭而導致壓雪車無法整理滑雪道，因而只有富有挑戰性的自由滑雪道（FREERIDE）。

以被壓雪車整理過的滑雪道而言，MONT-GELÉ（3023 米）才是最高點，此山位於福特山附近。前往方法是在登上福特山的纜車中途，在 LES RUINETTES（2200 米）換乘往 ATTELAS（2727 米）的纜車，最後在 ATTELAS 又換上 MONT-GELÉ 的纜車。

❄ 韋爾畢耶滑雪區分為幾個區域

韋爾畢耶滑雪區橫跨了四個山谷，劃分為多個區域，其中較多旅客注意的是 VERBIER SECTOR、LA TZOUMAZ - SAVOLEYRES SECTOR、BRUSON SECTOR 及 NOVICE SECTOR，位置上它們都是在韋爾畢耶鎮之內及周邊，覆蓋範圍是互有重疊的。

在官方地圖中（見後頁），藍色虛線是指整個韋爾畢耶滑雪區範圍，是包含自由滑雪道與被整理及安全檢查的滑雪道。紅色虛線是 VERBIER SECTOR，覆蓋了海拔較高及熱門的滑雪道，以及最高點（MONT-GELÉ）的滑雪道，也包含了後面三個範圍。LA TZOUMAZ - SAVOLEYRES SECTOR 是橙色虛線，BRUSON SECTOR 是黃色虛線。至於 NOVICE SECTOR，顧名思義，就是給初學者練習的平緩廣闊的滑雪道，這是本文的重點介紹。

韋爾畢耶的總滑雪道長達 412 公里，坡度最為陡峭的雪道長度達 8 公里，深受自由滑雪愛好者喜愛，是瑞士西邊著名的滑雪勝地；近幾年更成為歐美名流貴族的青睞，英國的威廉王子、美國歌手瑪丹娜及西班牙皇室都曾在冬季造訪此地。

此圖為海拔 3300 米的福特山，旅客可以 360 度眺望白雪覆蓋的連綿阿爾卑斯山脈。

❄ 自由滑雪道

　　至於，自由滑雪道（FREERIDE）在官方地圖上是沒有顯示的，不過在旅遊局官網可找到較為受歡迎或難度不算高的九條自由滑雪道資訊，雪道清單上的第一條是 CHASSOURE-TORTIN，起始點就在 CHASSOURE 纜車站（2740 米），雖然有點具有挑戰性的陡峭，難度不算高。

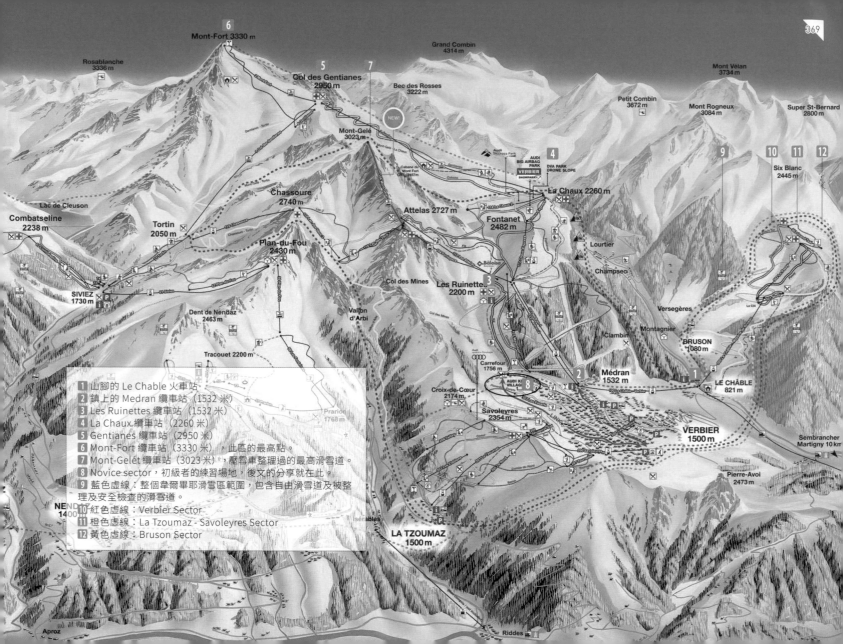

Mont-Fort 3330 m
Rosablanche 3336 m
Grand Combin 4314 m
Mont Vélan 3734 m
Col des Gentianes 2950 m
Bec des Rosses 3222 m
Petit Combin 3672 m
Mont Rogneux 3084 m
Super St-Bernard 2800 m
NEW!
Mont-Gelé 3023 m
Six Blanc 2445 m
Audi Skicross Park
AUDI BIG AIRBAG PARK VERBIER
DVA PARK DRONE SLOPE
SNOWPARK
Chassoure 2740 m
Attelas 2727 m
La Chaux 2260 m
Fontanet 2482 m
Lac de Cleuson
Combatseline 2238 m
Tortin 2050 m
Lourtier
Champsec
Plan-du-Fou 2430 m
Col des Mines
Les Ruinettes 2200 m
Versegères
SIVIEZ 1730 m
Dent de Nendaz 2463 m
Valon d'Arbi
Montagnier
BRUSON 1080 m
Tracouet 2200 m
Ciambin
Carrefour 1756 m
Médran 1532 m
LE CHÂBLE 821 m
Croix-de-Cœur 2174 m
AUDI VILLAGE
Prariond 1768 m
Savoleyres 2354 m
VERBIER 1500 m
Sembrancher Martigny 10 km
NEND 1400
Pierre-Avoi 2473 m
Iserables
LA TZOUMAZ 1500 m
Aproz
Riddes

1 山腳的 Le Chable 火車站
2 鎮上的 Medran 纜車站（1532 米）
3 Les Ruinettes 纜車站（1532 米）
4 La Chaux 纜車站（2260 米）
5 Gentianes 纜車站（2950 米）
6 Mont-Fort 纜車站（3330 米），此區的最高點。
7 Mont-Gelét 纜車站（3023 米），壓雪車整理過的最高滑雪道。
8 Novice sector，初級者的練習場地，後文的分享就在此。
9 藍色虛線：整個韋爾畢耶滑雪區範圍，包含自由滑雪道及被整理及安全檢查的滑雪道。
10 紅色虛線：Verbier Sector
11 橙色虛線：La Tzoumaz - Savoleyres Sector
12 黃色虛線：Bruson Sector

二十間不同規模的運動用品專門店

第一章分享過租用滑雪裝備的十多項注意事項，根據韋爾畢耶旅遊局網頁的介紹，在鎮上大街及山上主要纜車站有超過二十間不同規模的運動用品專門店，我們是在 SKI SERVICE 專門店預約租用雙板滑雪套裝。這間專門店很專業，提供四種級別的雙板滑雪套裝，我們租用了基本級別，一天費用是 30.5 瑞朗，兩天的話為 57.5 瑞朗，如此類推，租用天數愈多，平均費用便愈便宜。單板滑雪套裝的租用價錢亦相近。

❄ 推薦的原因

SKI SERVICE 專門店值得推薦的原因有幾個，包括在出租店可免費寄存滑雪用具、可免費地無限次更換、其分店在山上的纜車站（方便交還裝備或找職員求救）及購買 SKI PASS 可享折扣。SKI PASS 是指可使用滑雪區的纜車及吊車。

❄ 拿取預約好的滑雪裝備

前一天傍晚，我們在 SKI SERVICE 預約好滑雪裝備，雖然職員事前根據我們提供資料而準備好裝備，在現場我們仍要試穿雪鞋作最後確認。因為專門店、纜車站及住宿之間的距離是接近，我們便覺得放在旅館的儲存室比較方便。

❄ 旅館的滑雪裝備儲存室

旅館的滑雪裝備儲存室是一個獨立房間，使用時需要通知職員幫忙開啟，裡面主要可放置滑板和雪鞋，以客人房間號碼劃分儲存空間，至於其他小件裝備如安全帽便放在房間之內。就這樣，第二天早餐後，我們在儲存室馬上換上雪鞋、穿上裝備便出發。

❶ Ski Service 專門店位於大街上，我們在此租用滑雪裝備。❷ 另一間位於大街上的專門店，稱為 Mountain Air。❸ 購買 Ski Pass 的自助機。❹ 職員檢查我們租用的滑雪裝備。❺ 店內的不同品牌及級別的雪鞋。❻ - ❼ 我們旅館的滑雪裝備儲存室，入口是先放置滑雪板，最裡面是存放雪鞋的地方。以房間號碼劃分格子。

❄ 高度落差達到 700 米的初級滑雪道

我們的導遊兼滑雪教練是中國籍的李龍龍，第二天帶著我們去滑雪，超期待。他在 2013 年參加瑞士國家旅遊局和瑞士雪山聯會在中國舉行的海選，最後成為到瑞士工作的八位中文滑雪教練之一。他這幾年主要在韋爾畢耶區進行滑雪教學，雖然說中文的亞洲滑雪客比較多找他做教練，但而事實上說德語和英語的人也是他的學生。

據他的介紹，我們原定計劃的滑雪始點是 LA CHAUX（2260 米），是往福特山途中必經的地方，纜車站外面是個高原，很多人先在附近的廣闊的初級滑道練習一下。

然後我們便會一起滑行下山，返回鎮上的纜車站作結。這一段很熱門，700 米的落差之中，初級及中級滑雪道均有；地形變化方面，前半段是十分開闊的坡道，可一望無際的欣賞對面的群山風光，後半段則是進入森林區，在茂密林木之間穿梭，蠻有刺激感；對於初次來到此滑雪場者，他十分推薦。

這兩頁的圖片是第一天我們上山時拍的，剛好大致記錄了整段我們計劃要滑行的路線。❶ 首先在鎮上坐纜車來到 La Chaux，圖的前方是人們排隊往福特山，後面的遠處是平緩的初級滑雪道，初級者多數在那兒練習。❷ 從 La Chaux 開始滑行下山，此圖及左頁的圖都是前半段，景色一流！❸ - ❹ 後半段進入森林區，最後返回小鎮。

初級滑雪道的練習場

　　八點半前，我們跟李教練在纜車站約好，哪料到如意算盤落空，只見纜車站內外及周邊彷彿熱鬧的市集，而且一架又一架巴士從其他小鎮駛來，大量滑雪客魚貫地下車……那長長的人龍超出我們三人的預料，李教練笑說：「今天的人潮特別旺，很久沒有遇上這情況啊！」

❄ 放棄原本的滑雪計劃

　　其實我們在中午以前便要結束在此地的行程，只好放棄原本計劃要去 LA CHAUX 的滑雪安排，正因為這個規劃很適合初及中級者，又是旅遊局的規劃，所以我們便在前文作出簡單的推薦，初次到訪此地兼有經驗的滑雪客不妨參考一下。

❄ 不用坐纜車、只坐巴士便到達的滑雪場

　　我們改為前往鎮內的初級練習場，稱為 NOVICE SECTOR，其位置就在鎮內的核心範圍，只需坐數分鐘的巴士、而且不需要坐纜車便可以開始滑雪。夏天時，那起伏不多的平緩草坡其實是高爾夫球場，所以到了冬天很適合變身成為初級或沒有經驗的滑雪者的練習場。

❄ 左右兩邊不同程度的練習場

　　巴士就在練習場路邊停車，一起下車都是父母們帶著小朋友來學滑雪。此場分為左右互通的兩個範圍。左場是最初級的練習範圍，長度較短，沒有經驗者在此學習最基本的技巧及安全的注意事情。不少年幼若四至六歲的小小朋友，便在此跟著教練學習，通常兩到三名教練對著七至八名學生。右場的範圍、長度及坡度自然升級了，粗略地看一看教練與學生的比例也相對地多了，一對七至八名左右，學生年紀多數是高小年級。

最初級的練習場
上圖都是最初級的練習場，大部分學生都是小小朋友。❶ 學生們在旁等候準備學習滑雪，教練正在協助學生穿上滑雪板。❷ 教練正在講解注意的事情，學生們都很專心聆聽著。❸-❹ 圖中的兩名大人應該是父母，大概正在教導自己的子女如何滑雪。

初級者練習場的全景

此場分為兩邊範圍，橙色線條是最初級的練習範圍，圖的正前方是另一邊範圍，長度及坡度都大大升級；前方的那位教練及學生的位置，是此雪道的最高點，看起來，學生正在學習滑雪時不使用雪拔。

另一層次的滑雪世界

這兩頁的圖則攝於難度較高的練習場，只見這邊的學生們已經
獨當一面、自由自在高速的滑雪，可以成功克服不同難度的關
卡，如果上一頁圖片是第一關，那麼這群學生已邁進另一層次
的滑雪世界。

Audi Kids Ski Cup

❄ 有系統規劃的完整學習過程

一般滑雪課程的設計，分為私人與小組，前者只有你自己、與家人或朋友；後者是與其他人一起參加。時數由兩小時或三小時起跳，然後一天（6 小時）、兩天（12 小時）……如此類推。

李教練分享他的教學經驗，指出初級者最好參與至少兩天的私人課程，費用雖然較多，卻是有系統規劃的完整學習過程。第一天先在初級的練習場學習，這處的平緩雪道看起來一點也沒有難度，對於零經驗或信心不高的初學者來說，在這裡學滑雪反而更好，一方面是成功感較容易獲得，另一方面因為滑雪道不擁擠，而且大部分都是學生，大家就可以專心學習。

李繼續分享，建議學生在第二天才登上較高的地方，體驗及挑戰陡斜又富變化的初級滑雪道。比如從 LA CHAUX（2260 米）滑行至小鎮的這一段，即是我們原本打算的滑行的那一段，通常他會安排在下午與學生一起滑行，邊滑邊教導及指正，時間充足可滑上好幾回，好讓學生完全成功克服那個高度落差 700 米的山坡，以此作結。在這之後，學生們通常便可靠自己去磨練和繼續探索。

❶ 李教練悉心教授我們不使用滑雪杖的要訣。
❷ 實習的初段，滑雪動作處處流露出不自然。
❸ 最後終於靠自己，零失誤又輕鬆地達標，開懷地笑起來！

學習滑雪時不要使用滑雪杖

我們兩人的滑雪經驗只有最初級的水平，在日本曾跟隨私人教練完成 12 小時的私人課堂，及後在高度落差約 1000 米的滑雪場，總算成功地從最高點滑到最低點。這次學習的時間雖然不多，李教練亦把握時間與我們溫習基本技巧和矯正一些我們一直沒有發現的錯誤，最重要的是強調我們應該嘗試在滑雪時不要使用滑雪杖。

❋ 減少對滑雪杖的無意義倚賴

上頁提及現場有不少滑雪學生學習不使用滑雪杖、李教練也叮囑我們要這樣做，原因是什麼呢？在滑行下坡時，其實不需要使用滑雪杖，可是初學者很多時候會過分依賴兩支滑雪杖而容易出錯、或忽略基本功的磨練。

❋ 逐漸領略真正的滑雪節奏

所以，不手持滑雪杖的初學者就會「被迫」專注自已的雙腳、滑行方向、身體的擺動、觀察滑雪道的狀況與變化等等，這樣才能逐漸領略真正的滑雪節奏，認識到在不同難度的滑雪道，自己應該如何面對和調節。

❋ 在滑雪世界的追求進步之心

就這樣，我們把人部分時間放在「學習不用滑雪杖」這件事上，在雪道上來來回回的操練與探索，從一開始帶著戰戰兢兢的心情慢慢滑行，到最後能靠自已、輕鬆無懼地不使用滑雪杖在雪道上滑行；雖說這不過是初級雪道的練習場，在心理上亦起了不少的鼓勵作用，加強和堅定了我們在滑雪世界持續追求進步之心。（全書完）

下一個，將會是你嗎？

旅行，絕對是一件美好的事情。造訪瑞士，夏天也好、冬天也好，都曾經令數不盡的旅者中了那道妙不可言的魔法咒語，無法自拔。下一個，將會是你嗎？

至於我們，寫畢此書後，凝望著桌上的年曆，若有所思的不禁微笑起來……

韋爾畢耶 Verbier 走進瑞士的最大滑雪區

伯恩時鐘塔 Bern's Clock Tower
整個瑞士歷史最悠久的機械鐘，見證變遷。

冬季瑞士

SWITZERLAND

登冰川走群峰，暢遊冬日瑞士天堂

六大城市×冬季經典路線×短中長程路線規劃×雪地活動裝備攻略！

作者｜文少輝 Jackman
　　　傅美璇 Erica

社長｜陳蕙慧

副總編輯｜李欣蓉

編輯｜陳品潔

版面構成｜Wan-yun Chen

全書排版｜黃讌茹

封面設計｜日央設計

行銷企畫｜童敏瑋

讀書共和國集團社長｜郭重興

發行人兼出版總監｜曾大福

出版｜木馬文化事業股份有限公司

發行｜遠足文化事業股份有限公司

地址｜231新北市新店區民權路108-3號8樓

電話｜(02)2218-1417

傳真｜(02)2218-0727

Email｜service@bookrep.com.tw

郵撥帳號｜19588272 木馬文化事業股份有限公司

法律顧問｜華洋國際專利商標事務所 蘇文生律師

客服專線｜0800221029

印刷｜凱林彩印股份有限公司　　初版｜2019年02月　　定價｜480元

國家圖書館出版品預行編目(CIP)資料

冬季瑞士 / 文少輝, 傅美璇著. -- 初版. -- 新北市：木馬文化出版：遠足文化發行, 2019.02
　　面；　公分　　ISBN 978-986-359-632-5(平裝)

1.旅遊 2.瑞士

744.89　　　　107022150